JN430171

주제별
일단어

회화를 제대로 살리는

주제별 일단어

봉영아 저

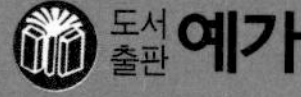

머리말

빠른 시일 내에 일본인과 무리 없이 의사소통을 하기 위해서는 기본적으로 커뮤니케이션을 위한 어휘를 가지고 있어야 합니다. 기본단어에서부터 전문단어에 이르기까지 하나하나 내 것으로 만들고 제대로 활용하기 위해서는 우리가 이미 알고 있는 한국어 상황별 단어와 익혀야 할 일본어단어를 연관시켜 학습하는 방법이 있습니다. 즉, 단어를 각각의 주제별로 분류하여 같이 묶어서 기억하게 하는 것입니다.

이 책의 구성을 보면 12개의 커다란 주제가 있고, 다시 여기에 속한 110가지의 작은 주제가 있습니다. 각각의 소주제는 약 28개의 단어들로 이루어졌으며 난이도순과 관련도순으로 A, B, C, D 네 가지로 분류하였습니다. 분류의 목적은 활용 빈도수와 연관성이야말로 어휘학습의 중요한 열쇠가 되기 때문입니다. 쉬운 단어와 어려운 단어의 경계란 일상생활에서 사용되는 빈도의 차이이며 따라서 '난이도별로 구분한 주제별 연상학습법'은 학습자들에게 효율성 있는 어휘학습법입니다. 또한 각각의 과마다 네이티브의 생생한 일본어예문을 첨가하였으며, 각 품사별 기본단어와 필수단어를 수록하였습니다. 부록에는 일본어색인을 넣어 사전적 검색이 가능하게 하여 언제 어디서나 활용이 용이하게 하였습니다.

처음부터 유창하게 일본어문장을 구사하는 사람은 없습니다. 정확한 단어를 외우고 그것이 바탕이 되어 올바른 문장을 구성하고 그러한 과정을 거쳐 매끄럽고 세련된 회화와 작문으로 이어지는 것입니다. 시대가 요구하는 어학력(語学力)은 의사소통 능력이라 생각합니다. 따라서 주제에 맞는 적절한 어휘를 구사하는 것이야말로 일본어학습에 있어 필수적이라 할 수 있습니다. 이 책을 이용하여 주제별로 익힌 단어들은 앞으로의 회화, 독해, 청취, 각종시험에 도움이 될 것입니다. 이 책이 여러분의 일본어학습에 소중한 동반자가 되기를 바랍니다.

일러두기

1 주제별 일본어단어를 110가지의 소주제로 구분

2 난이도순, 관련순으로 A, B, C, D로 구분

3 단어의 히라가나, 한자, 한글해석을 기입

4 주제별 단어에 따른 네이티브의 생생한 예문

5 단어의 뉘앙스차이와 그 외에 단어 수록

6 각 품사별 기초단어, 필수단어 수록

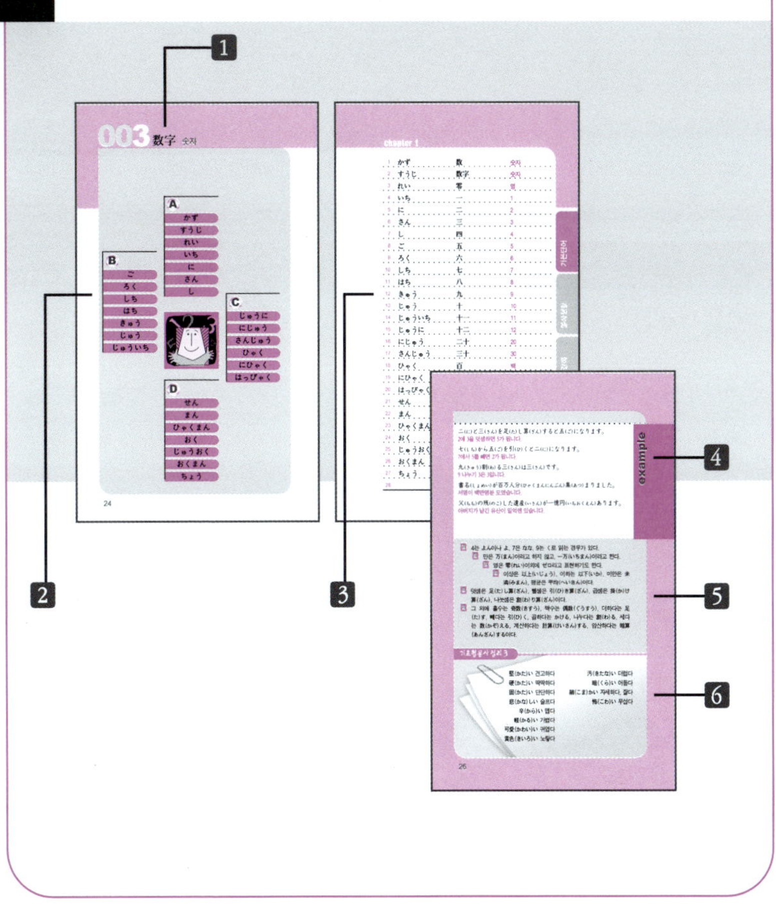

차례

과학과 기술

부록

색인

chapter 1

기본단어

001 指示代名詞 지시대명사

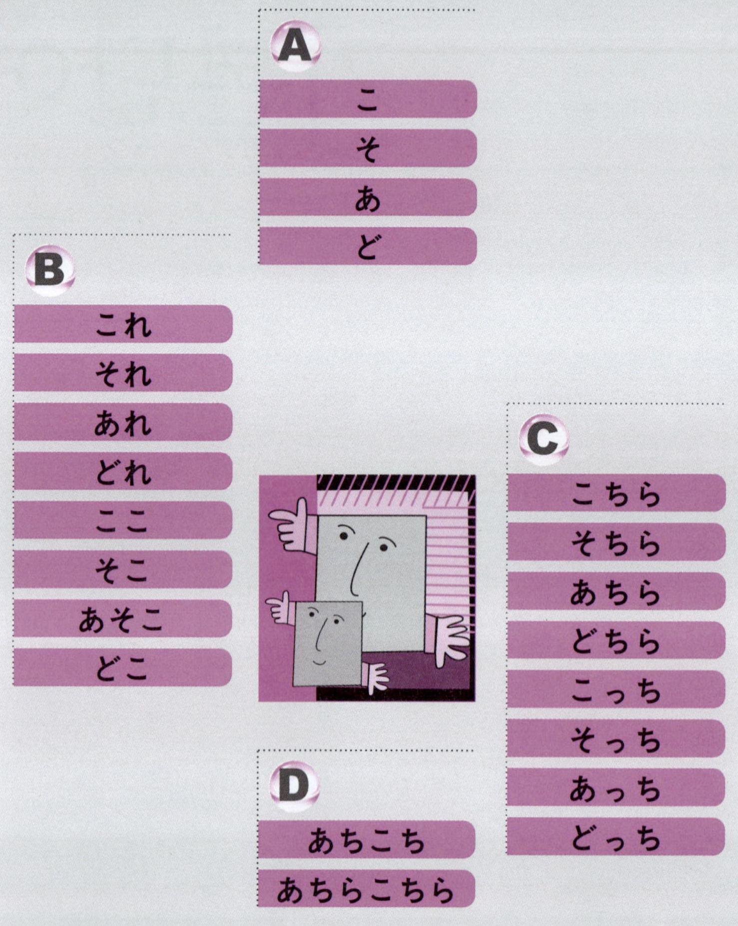

A
こ
そ
あ
ど
B
これ
それ
あれ
どれ
ここ
そこ
あそこ
どこ
C
こちら
そちら
あちら
どちら
こっち
そっち
あっち
どっち
D
あちこち
あちらこちら

1	こ	이
2	そ	그
3	あ	저
4	ど	어느
5	これ	이것
6	それ	그것
7	あれ	저것
8	どれ	어느 것
9	ここ	여기
10	そこ	거기
11	あそこ	저기
12	どこ	어디
13	こちら	이쪽
14	そちら	그쪽
15	あちら	저쪽
16	どちら	어느 쪽
17	こっち	이쪽
18	そっち	그쪽
19	あっち	저쪽
20	どっち	어느 쪽
21	あちこち	여기저기
22	あちらこちら	이쪽저쪽
23		
24		
25		
26		
27		
28		

すみませんが、これは日本語(にほんご)で何(なん)といいますか。
실례합니다만, 이것은 일본어로 뭐라고 합니까?

日本語(にほんご)の教材(きょうざい)は、あそこに置(お)いてあります。
일본어교재는 저기에 놓여져 있습니다.

留学生(りゅうがくせい)の皆(みな)さん、こちらにいらっしゃってください。
유학생 여러분, 이쪽으로 오셔주세요.

公園(こうえん)のあちこちに桜(さくら)の花(はな)が咲(さ)いています。
공원 여기저기에 벚꽃이 피어 있습니다.

こちらは大学(だいがく)の同級生(どうきゅうせい)の田中(たなか)さんです。
이쪽은 대학의 같은 과 학생인 다나카씨입니다.

example

- 지시대명사란 직접 사물의 이름을 말하지 않고 명사를 대신하여 부르는 대명사이다.
- こちら는 방향의 '이쪽'의 의미이기도, 사람을 타인에게 소개할 때 '이분, 이 사람'의 의미이기도 하다.
- こっち, そっち, あっち, どっち보다는 こちら, そちら, あちら, どちら가 정중한 표현이다.
- 그 외의 こそあど의 표현으로 こう(이렇게), そう(그렇게), ああ(저렇게), どう(어떻게), こんな(이러한), そんな(그러한), あんな(저러한), どんな(어떠한), こんなに(이렇게), そんなに(그렇게), あんなに(저렇게), どんなに(어떻게), この(이), その(그), あの(저), どの(어느) 등이 있다.

기초형용사 정리 1

青(あお)い 파랗다
赤(あか)い 빨갛다
明(あか)るい 밝다
暖(あたた)かい 따뜻하다
新(あたら)しい 새롭다
暑(あつ)い 덥다
熱(あつ)い 뜨겁다
厚(あつ)い 두껍다
危(あぶ)ない 위험하다
甘(あま)い 달다
忙(いそが)しい 바쁘다
痛(いた)い 아프다

人称代名詞 인칭대명사

A

わたし
わたくし
ぼく
おれ
わたしたち
ぼくたち
わたしども

B

あなた
きみ
おまえ
あなたがた
おまえたち
きみたち

C

かれ
かのじょ
かれし
かれら
たにん
じぶん

D

だれ
どなた
どちらさま
このひと
そのひと
あのかた
どのかた

1	わたし	私	나
2	わたくし	私	저
3	ぼく	僕	나
4	おれ	俺	나
5	わたしたち	私たち	우리
6	ぼくたち	僕たち	우리
7	わたしども	私ども	저희들
8	あなた		당신
9	きみ	君	자네
10	おまえ	お前	너
11	あなたがた	あなた方	당신들
12	おまえたち	お前たち	너희들
13	きみたち	君たち	자네들
14	かれ	彼	그
15	かのじょ	彼女	그녀
16	かれし	彼氏	그
17	かれら	彼ら	그들
18	たにん	他人	남(타인)
19	じぶん	自分	자신
20	だれ		누구
21	どなた		누구(어느 분)
22	どちらさま	どちら様	어느 분
23	このひと	この人	이 사람
24	そのひと	あの人	그 사람
25	あのかた	この方	저 분
26	どのかた	あの方	어느 분
27			
28			

example

私(わたし)は東京支店(とうきょうしてん)の鈴木(すずき)と申(もう)します。
저는 동경지점의 스즈키라고 합니다.

君(きみ)が僕(ぼく)より3歳(さい)も年下(としした)だなんて知(し)らなかったよ。
네가 나보다 3살이나 나이가 적다는 것을 몰랐어.

いきなりだけど、今(いま)付(つ)き合(あ)っている彼氏(かれし)いる。
갑자기 실례지만, 지금 사귀는 남자친구 있니?

あのう失礼(しつれい)ですが、どちら様(さま)でしたでしょうか。
저기 실례지만 누구셨나요?

ふられたのに、まだ自分(じぶん)の彼女(かのじょ)だと思(おも)っているの。
차였는데도 아직 자신의 여자친구라고 생각하니?

- 인칭대명사란 사람의 이름을 대신하여 부르는 대명사이다.
- 僕(ぼく), 俺(おれ), 君(きみ), お前(まえ)는 남성어로 스스럼없는 사이에서 사용한다.
- 私(あたし)는 私(わたし)와 동의어로 젊은 여성들이 즐겨 사용한다.
- 상대방의 남자친구는 彼(かれ)라고 하지 않고, 彼氏(かれし)라고 부른다.
- 人(ひと)는 '사람'의 의미 외에 '타인'의 의미도 있다.
- あなた는 2인칭의 가장 일반적인 호칭어이고, 君(きみ)는 남성어로 친구나 손아랫사람에게 쓰며, お前(まえ)는 친구나 손아랫사람에게 스스럼없이 사용하는 거친 표현이다.

기초형용사 정리 2

薄(うす)い 엷다
美(うつく)しい 아름답다
うまい 맛있다
うるさい 시끄럽다
嬉(うれ)しい 기쁘다
おいしい 맛있다
多(おお)い 많다
大(おお)きい 크다
可笑(おか)しい 이상하다
遅(おそ)い 늦다
重(おも)い 무겁다
面白(おもしろ)い 재미있다

003 数字 숫자

A

かず
すうじ
れい
いち
に
さん
し

B

ご
ろく
しち
はち
きゅう
じゅう
じゅういち

C

じゅうに
にじゅう
さんじゅう
ひゃく
にひゃく
はっぴゃく

D

せん
まん
ひゃくまん
おく
じゅうおく
おくまん
ちょう

1	かず	数	숫자
2	すうじ	数字	숫자
3	れい	零	영
4	いち	一	1
5	に	二	2
6	さん	三	3
7	し	四	4
8	ご	五	5
9	ろく	六	6
10	しち	七	7
11	はち	八	8
12	きゅう	九	9
13	じゅう	十	10
14	じゅういち	十一	11
15	じゅうに	十二	12
16	にじゅう	二十	20
17	さんじゅう	三十	30
18	ひゃく	百	백
19	にひゃく	二百	2백
20	はっぴゃく	八百	8백
21	せん	千	천
22	まん	万	만
23	ひゃくまん	百万	백만
24	おく	億	억
25	じゅうおく	十億	10억
26	おくまん	億万	억만
27	ちょう	兆	조
28			

example

二(に)と三(さん)を足(た)し算(ざん)すると五(ご)になります。
2에 3을 덧셈하면 5가 됩니다.

七(しち)から五(ご)を引(ひ)くと二(に)になります。
7에서 5를 빼면 2가 됩니다.

九(きゅう)割(わ)る三(さん)は三(さん)です。
9 나누기 3은 3입니다.

書名(しょめい)が百万人分(ひゃくまんにんぶん)集(あつ)まりました。
서명이 백만명분 모였습니다.

父(ちち)の残(のこ)した遺産(いさん)が一億円(いちおくえん)あります。
아버지가 남긴 유산이 일억엔 있습니다.

- 4는 よん이나 よ, 7은 なな, 9는 く로 읽는 경우가 있다.
- 만은 万(まん)이라고 하지 않고, 一万(いちまん)이라고 한다.
- 영은 零(れい)이외에 ゼロ라고 표현하기도 한다.
- 이상은 以上(いじょう), 이하는 以下(いか), 미만은 未満(みまん), 평균은 平均(へいきん)이다.
- 덧셈은 足(た)し算(ざん), 뺄셈은 引(ひ)き算(ざん), 곱셈은 掛(か)け算(ざん), 나눗셈은 割(わ)り算(ざん)이다.
- 그 외에 홀수는 奇数(きすう), 짝수는 偶数(ぐうすう), 더하다는 足(た)す, 빼다는 引(ひ)く, 곱하다는 かける, 나누다는 割(わ)る, 세다는 数(かぞ)える, 계산하다는 計算(けいさん)する, 암산하다는 暗算(あんざん)する이다.

기초형용사 정리 3

堅(かた)い 견고하다
硬(かた)い 딱딱하다
固(かた)い 단단하다
悲(かな)しい 슬프다
辛(から)い 맵다
軽(かる)い 가볍다
可愛(かわい)い 귀엽다
黄色(きいろ)い 노랗다
汚(きたな)い 더럽다
暗(くら)い 어둡다
細(こま)かい 자세하다, 잘다
怖(こわ)い 무섭다

時間1 시간1

A

いつ
とき
じかん
じ
ふん
びょう
はん

B

むかし
かこ
いま
げんざい
みらい
しょうらい
これから

C

いまから
ちかごろ
さいきん
このごろ
はじめ
おわり
あとで

D

さいしょ
さいしゅう
ひととき
いつか
いつでも
しゅんかん
まもなく

1	いつ		언제
2	とき	時	때
3	じかん	時間	시간
4	じ	時	시
5	ふん	分	분
6	びょう	秒	초
7	はん	半	반
8	むかし	昔	옛날
9	かこ	過去	과거
10	いま	今	지금
11	げんざい	現在	현재
12	みらい	未来	미래
13	しょうらい	将来	장래
14	これから		앞으로
15	いまから	今から	지금부터
16	ちかごろ	近頃	최근
17	さいきん	最近	최근
18	このごろ	この頃	요즘
19	はじめ	始め	처음
20	おわり	終り	끝
21	あとで	後で	나중에
22	さいしょ	最初	최초
23	さいしゅう	最終	최후
24	ひととき	一時	한때
25	いつか		언젠가
26	いつでも		언제라도
27	しゅんかん	瞬間	순간
28	まもなく	間もなく	머지않아

example

ニューヨークは今(いま)何時(なんじ)ですか。
뉴욕은 지금 몇 시입니까?

夜(よる)の10時(じゅうじ)15分(じゅうごふん)です。
저녁 10시 15분입니다.

有名(ゆうめい)だったのは遠(とお)い昔(むかし)のことです。
유명했던 것은 먼 옛날 일입니다.

将来(しょうらい)の夢(ゆめ)について、話(はな)してみてください。
장래의 꿈에 대해 얘기해 주세요.

具体的(ぐたいてき)なことは、後(あと)で話(はな)し合(あ)うことにしましょう。
구체적인 것은 나중에 이야기하기로 합시다.

- 今日는 읽는 방법에 따라 きょう(오늘)과 こんにち(오늘날)의 의미가 있다.
- 오전은 午前(ごぜん), 오후는 午後(ごご), 오전중은 午前中(ごぜんちゅう)이다.
- 後程(のちほど)는 後(あと)で의 정중한 문어체 표현이다.
- 今(いま)から는 과거, 현재, 미래에 대해서 쓸 수 있고 これから는 과거의 일에 대해서는 쓸 수 없다.
- 그 외에 아침은 朝(あさ), 점심은 昼(ひる), 정오는 正午(しょうご), 저녁은 夕方(ゆうがた), 밤은 夜(よる), 한밤중은 夜中(よなか)이다.

기초형용사 정리 4

寂(さび)しい 쓸쓸하다
寒(さむ)い 춥다
白(しろ)い 하얗다
すごい 굉장하다
素晴(すば)らしい 멋지다
狭(せま)い 좁다
少(すく)ない 적다
涼(すず)しい 서늘하다
高(たか)い 높다, 비싸다
正(ただ)しい 바르다
楽(たの)しい 즐겁다
小(ちい)さい 작다

005 時間2 시간2

A

きょう
きのう
あした
おととい
あさって
にち
まいにち

B

ことし
きょねん
らいねん
おととし
さらいねん
まいとし
はんとし

C

こんしゅう
せんしゅう
らいしゅう
せんせんしゅう
さらいしゅう
しゅう
まいしゅう

D

こんげつ
せんげつ
らいげつ
せんせんげつ
さらいげつ
つき
まいつき

1	きょう	今日	오늘
2	きのう	昨日	어제
3	あした	明日	내일
4	おととい	一昨日	그저께
5	あさって	明後日	모레
6	にち	日	일
7	まいにち	毎日	매일
8	ことし	今年	올해
9	きょねん	去年	작년
10	らいねん	来年	내년
11	おととし	一昨年	재작년
12	さらいねん	再来年	내후년
13	まいとし	毎年	매년
14	はんとし	半年	반년
15	こんしゅう	今週	이번주
16	せんしゅう	先週	저번주
17	らいしゅう	来週	다음주
18	せんせんしゅう	先々週	지지난주
19	さらいしゅう	再来週	다다음주
20	しゅう	週	주
21	まいしゅう	毎週	매주
22	こんげつ	今月	이번달
23	せんげつ	先月	저번달
24	らいげつ	来月	다음달
25	せんせんげつ	先々月	저저번달
26	さらいげつ	再来月	다다음달
27	つき	月	월
28	まいつき	毎月	매월

復旧(ふっきゅう)するには半年(はんとし)はかかると思(おも)います。
복구하는데는 반년은 걸릴 것 같습니다.

転勤(てんきん)のため、来月(らいげつ)引(ひ)っ越(こ)す予定(よてい)です。
전근때문에 다음달에 이사할 예정입니다.

約束通(やくそくどお)り今週(こんしゅう)の金曜日(きんようび)に会(あ)いましょう。
약속대로 이번 주 금요일에 만납시다.

兄(あに)は去年(きょねん)、ようやく結婚(けっこん)することができました。
오빠(형)는 작년에 겨우 결혼할 수 있었습니다.

暇(ひま)になったら遠慮(えんりょ)しないで、いつでも遊(あそ)びにいらしてください。
시간이 나면 스스럼 없이 언제라도 놀러 오십시오.

- 昨日(きのう)는 어제의 회화체이고, 昨日(さくじつ)는 어제의 문어체이다.
- 毎年(まいねん)는 毎年(まいとし)의 격식을 갖춘 표현으로 문장체이다.
- 早(はや)い는 시간이 이르다는 의미이고, 速(はや)い는 시간이 빠르다는 의미이다.
- 과거의 '그때'나 대화를 나누는 사람들이 서로 아는 '그때'는 あの時(とき)라고 한다.
- 위에 나온 시간을 나타내는 말에는 조사 に를 붙이지 않는다.
- 그 외에 글피는 明明後日(しあさって), 음력은 陰暦(いんれき), 旧暦(きゅうれき), 양력은 陽暦(ようれき), 新暦(しんれき)이다.

기초형용사 정리 5

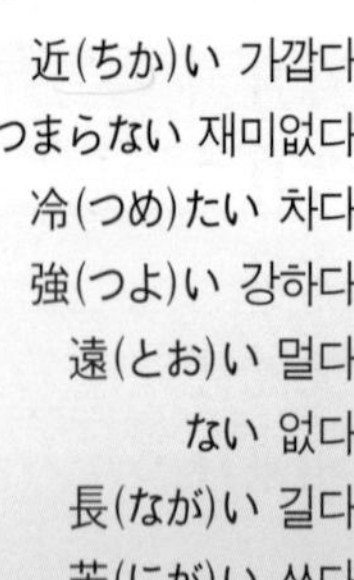

近(ちか)い 가깝다
つまらない 재미없다
冷(つめ)たい 차다
強(つよ)い 강하다
遠(とお)い 멀다
ない 없다
長(なが)い 길다
苦(にが)い 쓰다
温(ぬる)い 미지근하다
眠(ねむ)い 졸리다
恥(は)ずかしい 부끄럽다
早(はや)い 이르다

位置 위치

006

A

いち
ひがし
にし
みなみ
きた
うえ
した

B

まえ
うしろ
なか
そと
おく
そば
となり

C

よこ
あたり
むこう
むかい
まんなか
このへん
おもて

D

そこ
うち
きんじょ
とうほく
とうなん
せいほく
せいなん

1	いち	位置	위치
2	ひがし	東	동
3	にし	西	서
4	みなみ	南	남
5	きた	北	북
6	うえ	上	위
7	した	下	밑
8	まえ	前	앞
9	うしろ	後ろ	뒤
10	なか	中	안
11	そと	外	밖
12	おく	奥	속
13	そば	側	옆
14	となり	隣	옆
15	よこ	横	옆
16	あたり	辺り	근처
17	むこう	向こう	저쪽
18	むかい	向かい	맞은편
19	まんなか	真ん中	한가운데
20	このへん	この辺	이 근처
21	おもて	表	바깥
22	そこ	底	바닥
23	うち	内	안
24	きんじょ	近所	근처
25	とうほく	東北	동북
26	とうなん	東南	동남
27	せいほく	西北	서북
28	せいなん	西南	서남

example

今(いま)どちらにいらっしゃるのか、位置(いち)を説明(せつめい)してください。
지금 어느 쪽에 계신지 위치를 설명해주세요.

隣(となり)に住(す)んでた方(かた)はどちらに引(ひ)っ越(こ)しましたか。
옆방에 사시던 분은 어디로 이사했습니까?

部屋(へや)の真(ま)ん中(なか)に、丸(まる)いテーブルとイスがあります。
방 한가운데 둥근 테이블과 의자가 있습니다.

その製品(せいひん)の内部(ないぶ)の部品(ぶひん)を見(み)せてください。
그 제품의 내부부품을 보여주세요.

道(みち)の両側(りょうがわ)に並木(なみき)が植(う)えられています。
길 양쪽으로 가로수가 심어져 있습니다.

- 向(む)こう는 저쪽의 의미와 건너편의 의미가 있다.
- 辺(あた)り는 거리상으로 근처이고, 近(ちか)く는 시간적 공간적인 부근이고, 辺(へん)은 홀로 쓸 수 없고 지시대명사와 같이 사용한다.
- 그 외에 방향은 方向(ほうこう), 방위는 方角(ほうがく), 중심은 中心(ちゅうしん), 구역은 区域(くいき), 공간은 空間(くうかん), 가는 縁(ふち), 영역은 領域(りょういき), 범위는 範囲(はんい), 면적은 面積(めんせき), 중앙은 中央(ちゅうおう), 양쪽은 両方(りょうほう), 내부는 内部(ないぶ), 외부는 外部(がいぶ), 양쪽은 両側(りょうがわ), 한쪽은 片側(かたがわ), 맞은편은 向(む)かい側(がわ), 동서남북은 東西南北(とうざいなんぼく)이다.

기초형용사 정리 6

速(はや)い 빠르다
低(ひく)い 낮다
広(ひろ)い 넓다
深(ふか)い 깊다
太(ふと)い 두껍다
古(ふる)い 오래되다
欲(ほ)しい 원하다
細(ほそ)い 가늘다
まずい 맛없다, 서투르다
円(まる)い 둥글다
短(みじか)い 짧다
難(むずか)しい 어렵다

007 一日 하루

A

あさ
ひる
ひるま
しょうご
ゆうがた
よる
よあけ

B

あけがた
ごぜん
ごご
ごぜんちゅう
けさ
まいにち
まいあさ

C

いちにち
いちにちじゅう
こんばん
こんや
よなか
ひとばんじゅう
よふかし

D

おきる
おこす
あらう
でる
いく
でかける
ねる

1	あさ	朝	아침
2	ひる	昼	점심
3	ひるま	昼間	점심
4	しょうご	正午	정오
5	ゆうがた	夕方	저녁
6	よる	夜	밤
7	よあけ	夜明け	새벽
8	あけがた	明け方	동틀 녘
9	ごぜん	午前	오전
10	ごご	午後	오후
11	ごぜんちゅう	午前中	오전중
12	けさ	今朝	오늘아침
13	まいにち	毎日	매일
14	まいあさ	毎朝	매일 아침
15	いちにち	一日	하루
16	いちにちじゅう	一日中	하루종일
17	こんばん	今晩	오늘밤
18	こんや	今夜	오늘밤
19	よなか	夜中	한밤중
20	ひとばんじゅう	一晩中	밤새도록
21	よふかし	夜更かし	밤샘
22	おきる	起きる	일어나다
23	おこす	起こす	깨우다
24	あらう	洗う	씻다
25	でる	出る	나가다
26	いく	行く	가다
27	でかける	出かける	외출하다
28	ねる	寝る	자다

example

毎朝(まいあさ)運動(うんどう)がてらペットとジョギングをしています。
매일아침 운동할 겸 애완견과 조깅을 합니다.

たいしたことでもないのに、夜中(よなか)に急(きゅう)に呼(よ)び出(だ)されました。
대단한 일도 아닌데도 한밤중에 급하게 불려 나갔습니다.

明日(あした)の次(つぎ)の日(ひ)は明後日(あさって)です。
내일의 다음날은 모레입니다.

天気(てんき)がいいにもかかわらず、一日中(いちにちじゅう)家(いえ)でごろごろしました。
날씨가 좋은데도 불구하고, 하루종일 집에서 뒹굴뒹굴했습니다.

毎朝(まいあさ)七時(しちじ)に起(お)きて出(で)かける準備(じゅんび)をします。
매일 아침 7시에 일어나서 나갈 준비를 합니다.

- 一日는 읽는 방법에 따라 いちにち(하루)이기도 ついたち(1일)이기도 하다.
- 昼(ひる)는 낮을 정중하게 말하는 의미와 점심식사의 의미가 있다.
- 明(あ)け方(がた)가 夜明(よあ)け보다 더 이른 시간이다.
- 朝(あさ), 今朝(けさ), 午前(ごぜん), 午後(ごご) 등에는 조사 に 쓰지 않는다.
- 그 외에 한밤중은 真夜中(まよなか), 심야는 深夜(しんや), 꼭두새벽은 朝(あさ)っぱら이다.

기초형용사 정리 7

優(やさ)しい 상냥하다
易(やさ)しい 쉽다
安(やす)い 싸다
柔(やわら)かい 부드럽다
よろしい 좋으시다
珍(めずら)しい 진귀하다
弱(よわ)い 약하다
若(わか)い 어리다
悪(わる)い 나쁘다

日付 날짜

A

ついたち
ふつか
みっか
よっか
いつか
むいか
なのか

B

ようか
ここのか
とおか
はつか
じゅうよっか
にじゅうよっか
さんじゅうにち

C

げつようび
かようび
すいようび
もくようび
きんようび
どようび
にちようび

D

ひにち
ひづけ
しょじゅん
ちゅうじゅん
げじゅん
げつまつ
カレンダー

1	ついたち	一日	1일
2	ふつか	二日	2일
3	みっか	三日	3일
4	よっか	四日	4일
5	いつか	五日	5일
6	むいか	六日	6일
7	なのか	七日	7일
8	ようか	八日	8일
9	ここのか	九日	9일
10	とおか	十日	10일
11	はつか	二十日	20일
12	じゅうよっか	十四日	14일
13	にじゅうよっか	二十四日	24일
14	さんじゅうにち	三十日	30일
15	げつようび	月曜日	월요일
16	かようび	火曜日	화요일
17	すいようび	水曜日	수요일
18	もくようび	木曜日	목요일
19	きんようび	金曜日	금요일
20	どようび	土曜日	토요일
21	にちようび	日曜日	일요일
22	ひにち	日にち	날짜
23	ひづけ	日付	날짜
24	しょじゅん	初旬	초순
25	ちゅうじゅん	中旬	중순
26	げじゅん	下旬	하순
27	げつまつ	月末	월말
28	カレンダー	calender	카렌더

example

出発(しゅっぱつ)は今月(こんげつ)の二十日(はつか)の予定(よてい)です。
출발은 이번 달 20일 예정입니다.

中旬(ちゅうじゅん)は月(つき)の真(ま)ん中(なか)あたりの日(ひ)を指(さ)します。
중순은 달의 한 가운데 부근의 날을 가리킵니다.

僕(ぼく)の誕生日(たんじょうび)は三月(さんがつ)十四日(じゅうよっか)です。
내 생일은 3월 14일입니다.

暦(こよみ)には曜日(ようび)の他(ほか)に、祝日(しゅくじつ)もが出(で)ています。
달력에는 요일 외에 공휴일도 나와 있습니다.

同(おな)じ漢字(かんじ)でも一日(ついたち)と一日(いちにち)は違(ちが)います。
같은 한자라도 1일과 하루는 다릅니다.

- 初旬(しょじゅん)은 上旬(じょうじゅん)이라고도 한다.
- 카렌더는 **カレンダー**이고, 달력은 **こよみ**(暦)이다.
- 생년월일은 生年月日(せいねんがっぴ)이고 ~년생은 ~年生(ねんう)まれ이다.
- 날짜의 표현 중에서 1일부터 10일까지와 14일, 24일, 20일의 읽는 방법이 특이하니 유의하자. 14일은 十四日(じゅうよっか), 24일은 二十四日(にじゅうよっか), 20일은 二十日(はつか)이다.

필수형용사 1

浅(あさ)い 얕다
温(あたた)かい 따뜻하다
厚(あつ)かましい 뻔뻔스럽다
脂(あぶら)っこい 기름기 많다
怪(あや)しい 수상하다
荒(あら)い 거칠다
ありがたい 고맙다
慌(あわ)ただしい 어수선하다
著(いちじる)しい 현저하다
卑(いや)しい 천하다
色(いろ)っぽい 요염하다
羨(うらや)ましい 부럽다

009 月 달

A

つき
いちがつ
にがつ
さんがつ
しがつ
ごがつ
ろくがつ

B

しちがつ
はちがつ
くがつ
じゅうがつ
じゅういちがつ
じゅうにがつ
きゅうれき
しんれき

C

はる
なつ
あき
ふゆ
きせつ
しき
まなつ
まふゆ

D

いちねん
いちねんじゅう
しんねん
おおみそか

1	つき	月	달
2	いちがつ	一月	1월
3	にがつ	二月	2월
4	さんがつ	三月	3월
5	しがつ	四月	4월
6	ごがつ	五月	5월
7	ろくがつ	六月	6월
8	しちがつ	七月	7월
9	はちがつ	八月	8월
10	くがつ	九月	9월
11	じゅうがつ	十月	10월
12	じゅういちがつ	十一月	11월
13	じゅうにがつ	十二月	12월
14	きゅうれき	旧暦	음력
15	しんれき	新暦	양력
16	はる	春	봄
17	なつ	夏	여름
18	あき	秋	가을
19	ふゆ	冬	겨울
20	きせつ	季節	계절
21	しき	四季	사계절
22	まなつ	真夏	한여름
23	まふゆ	真冬	한겨울
24	いちねん	一年	일년
25	いちねんじゅう	一年中	일년내내
26	しんねん	新年	새해
27	おおみそか	大みそか	섣달그믐날
28			

기본단어

일상생활

인체와 감정

식물과 동물

example

暖(あたた)かい春(はる)が過(す)ぎると、蒸(む)し暑(あつ)い夏(なつ)が来(き)ます。
따뜻한 봄이 지나가면 무더운 여름이 옵니다.

韓国(かんこく)は四季(しき)がはっきりしていて過(す)ごしやすいです。
한국은 사계절이 뚜렷해서 지내기 쉽습니다.

9月(がつ)も終(おわ)りですが、まるで真夏(まなつ)のような暑(あつ)さです。
9월 말인데도 마치 한여름과 같은 더위입니다.

私(わたし)の誕生日(たんじょうび)は三月(さんがつ)二十日(はつか)です。
저의 생일은 3월 20일입니다.

東南(とうなん)アジアは一年中(いちねんじゅう)暑(あつ)いです。
동남아시아는 일년 내내 덥습니다.

- 환절기는 季節(きせつ)の変(か)わり目(め)라고 한다.
- 그 외에 하지는 夏至(げし), 동지는 冬至(とうじ), 서기는 世紀(せいき), 윤년은 うるう年(どし), 춘분은 春分(しゅんぶん)の日(ひ), 추분은 秋分(しゅうぶん)の日(ひ), 달력은 カレンダー이다.

필수형용사 2

男(おとこ)らしい 남자답다
重(おも)たい 묵직하다
女(おんな)らしい 여자답다
賢(かしこ)い 현명하다
痒(かゆ)い 가렵다
聞(き)き良(よ)い 듣기 좋다
きつい 심하다
厳(きび)しい 엄하다

偉(えら)い 훌륭하다
幼(おさな)い 어리다
惜(お)しい 아깝다
恐(おそ)ろしい 두렵다

年 나이

A

とし
いくつ
なんさい
たんじょうび
ひとつ
ふたつ
みっつ

B

よっつ
いつつ
むっつ
ななつ
やっつ
ここのつ
とお

C

じゅういっさい
じゅうにさい
はたち
さんじゅっさい
よんじゅっさい
かんれき
こき

D

ながいき
わかもの
としより
としうえ
としした
こうれいしゃ

1	とし	年	나이
2	いくつ	幾つ	몇 살
3	なんさい	何歳	몇 살
4	たんじょうび	誕生日	생일
5	ひとつ	一つ	한 살
6	ふたつ	二つ	두 살
7	みっつ	三つ	세 살
8	よっつ	四つ	네 살
9	いつつ	五つ	다섯 살
10	むっつ	六つ	여섯 살
11	ななつ	七つ	일곱 살
12	やっつ	八つ	여덟 살
13	ここのつ	九つ	아홉 살
14	とお	十	열 살
15	じゅういっさい	十一歳	11세
16	じゅうにさい	十二歳	12세
17	はたち	二十歳	20살
18	さんじゅっさい	三十歳	30살
19	よんじゅっさい	四十歳	40살
20	かんれき	還暦	60살(환갑)
21	こき	古希	70살(고희)
22	ながいき	長生き	장수
23	わかもの	若者	젊은이
24	としより	年寄り	노인
25	としうえ	年上	연상
26	としした	年下	연하
27	こうれいしゃ	高齢者	고령자
28			

example

一番(いちばん)下(した)のお子(こ)さんは今年(ことし)いくつになりましたか。
제일 어린 자녀분은 올해 몇 살이 되었습니까?

失礼(しつれい)ですが、お幾(いく)つですか。
실례입니다만, 나이가 어떻게 됩니까?

満(まん)で二十歳(はたち)になると成人(せいじん)と言(い)われます。
만으로 스무살이 되면 성인이라고 불립니다.

レストランで誕生日(たんじょうび)パーティーを開(ひら)きたいです。
레스토랑에서 생일파티를 열고 싶습니다.

自分(じぶん)より年(とし)が上(うえ)の人(ひと)を年上(としうえ)といいます。
자신보다 나이가 위인 사람을 연상이라고 합니다.

- 幾(いく)つ에는 '몇 살'의 의미와 '몇 개'의 의미가 있다.
- 一(ひと)つ부터 十(とお)까지는 나이 이외에 한 개에서 10개까지의 의미도 있다.
- 長寿(ちょうじゅ)는 長生(ながい)き의 정중한 문장체 표현이다.
- 三十歳은 さんじゅっさい로도 さんじっさい로도 읽는다.
- 그 외에 희수(77살)는 喜寿(きじゅ), 80살은 傘寿(さんじゅ), 미수(88살)는 米寿(べいじゅ), 99살 白寿(はくじゅ)이다.

필수형용사 3

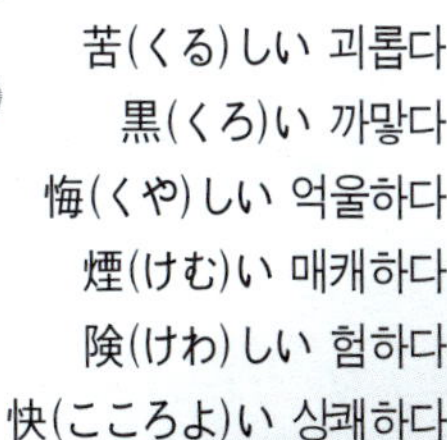

苦(くる)しい 괴롭다	子供(こども)っぽい 유치하다
黒(くろ)い 까맣다	騒(さわ)がしい 시끄럽다
悔(くや)しい 억울하다	塩辛(しおから)い 짜다
煙(けむ)い 매캐하다	しつこい 끈질기다
険(けわ)しい 험하다	焦(じ)れったい 애타다
快(こころよ)い 상쾌하다	図々(ずうずう)しい 교활하다

기본단어 일상생활 인체와 감정 식물과 동물

011 天気 날씨

A

てんき
きこう
はれ
くもり
あめ
ゆき
かぜ

B

くも
きおん
マイナス
ど
きり
ばいう
つゆ

C

てんきよほう
にわかあめ
ゆうだち
つゆ
ひょう
しも
にじ

D

かみなり
いなびかり
いなずま
たいふう
ぼうう
ふぶき
こおり

1	てんき	天気	날씨
2	きこう	気候	기후
3	はれ	晴れ	맑음
4	くもり	曇り	흐림
5	あめ	雨	비
6	ゆき	雪	눈
7	かぜ	風	바람
8	くも	雲	구름
9	きおん	気温	기온
10	マイナス	minus	영하
11	ど	度	도
12	きり	霧	안개
13	ばいう	梅雨	장마
14	つゆ	梅雨	장마
15	てんきよほう	天気予報	일기예보
16	にわかあめ	にわか雨	소나기
17	ゆうだち	夕立	여름소나기
18	つゆ	露	이슬
19	ひょう		우박
20	しも	霜	서리
21	にじ	虹	무지개
22	かみなり	雷	천둥
23	いなびかり	稲光	번개
24	いなずま	稲妻	번개
25	たいふう	台風	태풍
26	ぼうう	暴雨	폭풍우
27	ふぶき	吹雪	눈보라
28	こおり	氷	얼음

example

外(そと)は小雨(こさめ)混(ま)じりの強(つよ)い風(かぜ)が吹(ふ)いています。
밖은 가랑비가 섞인 바람이 불고 있습니다.

いきなりにわか雨(あめ)に降(ふ)られて、ずぶ濡(ぬ)れになりました。
갑자기 소나기를 맞아 흠뻑 젖었습니다.

このごろ気温(きおん)がだんだん下(さ)がってきたので、コートを出(だ)しました。
요새 기온이 점점 낮아져 코트를 꺼냈습니다.

天気予報(てんきよほう)によると、明日(あした)は台風(たいふう)だそうだ。
일기예보에 의하면, 내일은 태풍이라고 합니다.

湿気(しっけ)でじめじめとした梅雨(つゆ)の季節(きせつ)に入(はい)りました。
습기로 축축한 장마철에 들어갔습니다.

- にわか雨(あめ)는 계절과 상관없이 좋은 날씨였다가 내리는 소나기이고 夕立(ゆうだ)ち는 여름에 잠깐 오는 소나기이다.
- マイナス는 氷点下(ひょうてんか), 零下(れいか)로 표현해도 된다.
- 雷(かみなり)에는 천둥의 의미와 번개의 의미가 있다.
- 그 외에 우기는 雨期(うき), 건기는 乾期(かんき), 산들바람은 そよ風(かぜ), 회오리바람은 竜巻(たつまき)이고, 따뜻하다는 暖(あたた)かい, 덥다는 暑(あつ)い, 서늘하다는 涼(すず)しい, 춥다는 寒(さむ)い이고, 억수같이 내리는 비는 どしゃ降(ぶ)り, 가랑비는 小雨(こさめ), 큰비는 大雨(おおあめ), 홍수는 洪水(こうずい), 단비는 恵(めぐ)みの雨(あめ), 여우비는 天気雨(てんきあめ), 가뭄은 日照(ひで)り이고 섭씨는 摂氏(せっし), 번개는 雷電(らいでん)다.

필수형용사 4

少(すく)ない 적다
凄(すさ)まじい 처참하다
酸(す)っぱい 시다
素早(すばや)い 재빠르다
鋭(するど)い 날카롭다
ずるい 교활하다
だらしない 야무지지 않다
だるい 나른하다
辛(つら)い 괴롭다
手(て)っ取(と)り早(ばや)い 민첩하다
手早(てばや)い 재빠르다
照(て)れくさい 쑥스럽다

色 색깔

A

いろ
あか
あお
しろ
くろ
きいろ
みどり

B

ちゃいろ
みずいろ
ももいろ
きんいろ
ぎんいろ
はいいろ
ピンク

C

こんいろ
むらさき
しゅいろ
きみどりいろ
ベージュ
グレー
クリームいろ

D

あかい
あおい
しろい
くろい
きいろい
あかるい
くらい

1	いろ	色	색깔
2	あか	赤	빨강
3	あお	青	파랑
4	しろ	白	하양
5	くろ	黒	검정
6	きいろ	黄色	노랑
7	みどり	緑	녹색
8	ちゃいろ	茶色	갈색
9	みずいろ	水色	하늘색
10	ももいろ	桃色	복숭아색(연분홍)
11	きんいろ	金色	금색
12	ぎんいろ	銀色	은색
13	はいいろ	灰色	회색
14	ピンク	pink	핑크색
15	こんいろ	紺色	감색
16	むらさき	紫	보라색
17	しゅいろ	朱色	주홍색
18	きみどりいろ	黄緑色	연두색
19	ベージュ	beige	베이지색
20	グレー	gray	회색
21	クリームいろ	cream色	크림색
22	あかい	赤い	빨갛다
23	あおい	青い	파랗다
24	しろい	白い	희다
25	くろい	黒い	검다
26	きいろい	黄色い	노랗다
27	あかるい	明るい	밝다
28	くらい	暗い	어둡다

example

先生(せんせい)は今日(きょう)も白(しろ)いシャツを着(き)ています。
선생님은 오늘도 흰 셔츠를 입고 있습니다.

私(わたし)の一番(いちばん)好(す)きな色(いろ)は緑色(みどりいろ)です。
내가 제일 좋아하는 색깔은 녹색입니다.

海(うみ)は青色(あおいろ)、空(そら)は水色(みずいろ)の絵(え)の具(ぐ)で塗(ぬ)りました。
바다은 파란색, 하늘은 하늘색 물감으로 칠했습니다.

信号(しんごう)が赤(あか)になると横断歩道(おうだんほどう)を渡(わた)ってはいけません。
신호가 빨강이 되면 횡단보도를 건너서는 안 됩니다.

母(はは)の日(ひ)のプレゼントは、このグレーのエプロンにします。
어머니날 선물은 이 회색 앞치마로 하겠습니다.

- 꽃무늬는 花柄(はながら), 물방울무늬는 水玉(みずたま)模様(もよう), 체크는 チェック, 스트라이프는 ストライプ, 얼룩말무늬는 しま模様(もよう)이다.
- 녹색은 緑色(みどりいろ), 핑크색은 ピンク色(いろ), 보라색은 紫色(むらさきいろ)라고도 한다.
- 그 외에 오렌지색은 オレンジ色(いろ), 카키색은カーキ色(いろ), 자주색은 煉瓦色(れんがいろ), 흑백은 白黒(しろくろ)이다.

필수형용사 5

乏(とぼ)しい 모자라다
情(なさ)けない 한심하다
懐(なつ)かしい 그립다
憎(にく)い 밉다
寝苦(ねぐる)しい 잠들기 어렵다
眠(ねむ)たい 졸리다
激(はげ)しい 세차다
甚(はなは)だしい 심하다
ばかばかしい 어리석다
等(ひと)しい 같다
ひどい 심하다
ふさわしい 어울리다

013 国家 국가

A

くに
こっか
せいふ
しゅと
こくみん
しみん
だいとうりょう

B

そうり
ふくそうり
せいとう
こっかい
ぎょうせい
りっぽう
しほう

C

やとう
よとう
みんしゅしゅぎ
しゃかいしゅぎ
しほんしゅぎ
きょうさんしゅぎ
がいこう

D

ないかく
だいじん
こっかいぎいん
たいしかん
がいこうかん
そこく
がいこく

1	くに	国	나라
2	こっか	国家	국가
3	せいふ	政府	정부
4	しゅと	首都	수도
5	こくみん	国民	국민
6	しみん	市民	시민
7	だいとうりょう	大統領	대통령
8	そうり	総理	총리
9	ふくそうり	副総理	부총리
10	せいとう	政党	정당
11	こっかい	国会	국회
12	ぎょうせい	行政	행정
13	りっぽう	立法	입법
14	しほう	司法	사법
15	やとう	野党	야당
16	よとう	与党	여당
17	みんしゅしゅぎ	民主主義	민주주의
18	しゃかいしゅぎ	社会主義	사회주의
19	しほんしゅぎ	資本主義	자본주의
20	きょうさんしゅぎ	共産主義	공산주의
21	がいこう	外交	외교
22	ないかく	内閣	내각
23	だいじん	大臣	장관
24	こっかいぎいん	国会議員	국회의원
25	たいしかん	大使館	대사관
26	がいこうかん	外交官	외교관
27	そこく	祖国	조국
28	がいこく	外国	외국

example

日本(にほん)の首都(しゅと)といえば東京(とうきょう)ですよね。
일본의 수도라고 하면 도쿄이지요?

彼(かれ)は国民(こくみん)に選(えら)ばれて大統領(だいとうりょう)になりました。
그는 국민들에게 선출되어 대통령이 되었습니다.

国会(こっかい)に国会議員(こっかいぎいん)が全部(ぜんぶ)集(あつ)まりました。
국회에 국회의원이 전부 모였습니다.

韓国(かんこく)は民主主義(みんしゅしゅぎ)の社会(しゃかい)です。
한국은 민주주의 사회입니다.

政府(せいふ)の立場(たちば)をじっくりと聞(き)いてみましょう。
정부의 입장을 꼼꼼히 들어봅시다.

- 수상은 首相(しゅしょう)로도 総理(そうり)로도 표현한다.
- 국회의원 중 참의원은 参議院(さんぎいん), 중의원은 衆議院(しゅうぎいん)라고 한다.
- 그 외에 대의원은 代議員(だいぎいん), 선진국은 先進国(せんしんこく), 개발도상국은 発展途上国(はってんとじょうこく), 후진국은 後進国(こうしんこく), 찬성하다는 賛成(さんせい)する, 반대하다는 反対(はんたい)する, 심의하다는 審議(しんぎ)する이다.

필수형용사 6

欲(ほ)しい 원하다
やかましい 시끄럽다
古(ふる)くさい 심히 낡다
蒸(む)し暑(あつ)い 무덥다
貧(まず)しい 가난하다
眩(まぶ)しい 눈부시다
みすぼらしい 초라하다
めでたい 경사스럽다
丸(まる)い 둥글다
もっともらしい 그럴싸하다
醜(みにく)い 못생기다
物凄(ものすご)い 굉장하다
安(やす)っぽい 싸구려 같다
見苦(みぐる)しい 보기 흉하다
目覚(めざ)ましい 눈부시다
用心深(ようじんぶか)い 조심성 있다

国籍 국적

A

こくせき
アジア
ヨーロッパ
アフリカ
おうべい
せいよう
とうよう

B

かんこく
にほん
ちゅうごく
アメリカ
カナダ
スイス
ロシア

C

イギリス
ドイツ
たいわん
オランダ
メキシコ
ギリシャ
イタリア

D

オーストラリア
タイ
イラン
きたちょうせん
モンゴル
トルコ
ハワイ

1	こくせき	国籍	국적
2	アジア	Asia	아시아
3	ヨーロッパ	Europa(포)	유럽
4	アフリカ	Africa	아프리카
5	おうべい	欧米	구미
6	せいよう	西洋	서양
7	とうよう	東洋	동양
8	かんこく	韓国	한국
9	にほん	日本	일본
10	ちゅうごく	中国	중국
11	アメリカ	America	미국
12	カナダ	Canada	캐나다
13	スイス	Swiss	스위스
14	ロシア	Russia	러시아
15	イギリス	Engles(포)	영국
16	ドイツ	Deutsch(독)	독일
17	たいわん	台湾	대만
18	オランダ	Olanda(포)	네덜란드
19	メキシコ	Mexico	멕시코
20	ギリシャ	Grecia(러)	그리스
21	イタリア	Italia	이탈리아
22	オーストラリア	Australia	호주
23	タイ	Thailand	태국
24	イラン	Iran	이란
25	きたちょうせん	北朝鮮	북한
26	モンゴル	Mongol	몽골
27	トルコ	Turco	터어키
28	ハワイ	Hawaii	하와이

example

韓国(かんこく)と日本(にほん)は近(ちか)くて遠(とお)い国(くに)です。
한국과 일본은 가깝고도 먼나라입니다.

アメリカへ1年間(ねんかん)語学研修(ごがくけんしゅう)に行(い)くつもりです。
미국으로 1년간 어학연수를 하러 갈 작정입니다.

オーストラリアの首都(しゅと)はシドニーではなく、キャンベラです。
호주의 수도는 시드니가 아니라 캔배라입니다.

韓国(かんこく)と中国(ちゅうごく)は東北(とうほく)アジアです。
한국과 중국은 동북아시아입니다.

オリンピックはギリシャから始(はじ)まり、4年(ねん)に一度(いちど)開(ひら)かれます。
올림픽은 그리스에서 시작되어 4년에 한번 열립니다.

- 나라이름 뒤에 人(じん)을 붙이면 그 나라 사람을 나타낸다.
- 여권은 旅券(りょけん), 패스포트는 パスポート, 비자는 ビザ이다.
- 그 외에 스페인은 スペイン, 괌은 グアム, 뉴질랜드는 ニュージーランド, 동남아시아 東南(とうなん)アジア, 중앙아시아 中央(ちゅうおう)アジア, 중남미 中南米(ちゅうなんべい), 오세아니아 オセアニア, 지중해 地中海(ちちゅうかい)이다.

기초형용동사 정리 1

同(おな)じだ같다	上手(じょうず)だ능숙하다
嫌(きら)いだ싫어하다	丈夫(じょうぶ)だ튼튼하다
きれいだ예쁘다	好(す)きだ좋아하다
元気(げんき)だ건강하다	大事(だいじ)だ소중히 하다
残念(ざんねん)だ유감이다	大丈夫(だいじょうぶ)だ괜찮다
静(しず)かだ조용하다	大切(たいせつ)だ중요하다

chapter 2

일상생활

015 家族1 가족1

A

おかあさん
はは
おとうさん
ちち
おじいさん
そふ
おばあさん
そぼ

B

おねえさん
あね
おにいさん
あに
おとうと
いもうと

C

おじさん
おじ
おじさん
おじ
おばさん
おば
おばさん
おば

D

かぞく
しんるい
しんせき
そせん
しそん

1	おかあさん	お母さん	어머니
2	はは	母	어머니
3	おとうさん	お父さん	아버지
4	ちち	父	아버지
5	おじいさん	お祖父さん	할아버지
6	そふ	祖父	할아버지
7	おばあさん	お祖母さん	할머니
8	そぼ	祖母	할머니
9	おねえさん	お姉さん	언니(누나)
10	あね	姉	언니(누나)
11	おにいさん	お兄さん	오빠(형)
12	あに	兄	오빠(형)
13	おとうと	弟	남동생
14	いもうと	妹	여동생
15	おじさん	叔父さん	큰삼촌(외삼촌)
16	おじ	叔父	큰삼촌(외삼촌)
17	おじさん	伯父さん	작은삼촌(외삼촌)
18	おじ	伯父	작은삼촌(외삼촌)
19	おばさん	叔母さん	큰고모(이모)
20	おば	叔母	큰고모(이모)
21	おばさん	伯母さん	작은고모(이모)
22	おば	伯母	작은고모(이모)
23	かぞく	家族	가족
24	しんるい	親類	친척
25	しんせき	親戚	친척
26	そせん	祖先	조상
27	しそん	子孫	자손
28			

example

私(わたし)には年(とし)の離(はな)れた妹(いもうと)が二人(ふたり)います。
나에게는 나이 차이가 나는 여동생이 두 명 있습니다.

親戚(しんせき)と親類(しんるい)は同(おな)じ言葉(ことば)です。
'신세키'와 '신루이'는 같은 단어입니다.

祖父(そふ)は一人(ひとり)で海外旅行(かいがいりょこう)に行(い)きました。
할아버지는 혼자서 해외여행을 하러 갔습니다.

お姉(ねえ)さん、聞(き)きたいことがあるから後(あと)でこっちに来(き)て。
언니(누나), 묻고 싶은 것이 있으니 이쪽으로 와요.

父(ちち)は家族(かぞく)を何(なに)よりも大事(だいじ)に思(おも)っています。
아버지는 가족을 무엇보다도 중요하게 생각하고 있습니다.

- 타인에게 본인의 가족을 말할 때는 母(はは), 父(ちち), 祖父(そふ) 등으로 표현한다.
- 아이들은 엄마를 부를 때 ママ(mama), 아빠를 부를 때 パパ(papa)를 사용하기도 한다.
- 자신의 가족을 부를 때는 ちゃん을 붙여 お兄(にい)ちゃん, お姉(ねえ)ちゃん으로 부른다.
- おじさん은 '삼촌, 외삼촌'의 의미와 '아저씨'의 의미가 있다.
- 叔父(おじ)さん은 아버지나 어머니의 남동생이고, 伯父(おじ)さん은 아버지나 어머니의 나이 든 남자 형제를 의미하나 현재에는 별 구별 없이 사용한다.

기초형용동사 정리 2

下手(へた)だ 서툴다
確(たし)かだ 확실하다
丁寧(ていねい)だ 정중하다
適当(てきとう)だ 적당하다
特別(とくべつ)だ 특별하다
にぎやかだ 북적거리다

必要(ひつよう)だ 필요하다
病気(びょうき)だ 아프다
不便(ふべん)だ 불편하다
便利(べんり)だ 편리하다
有名(ゆうめい)だ 유명하다
大変(たいへん)だ 힘들다

家族2 가족2

016

A

おや
りょうしん
おっと
しゅじん
ごしゅじん
つま
かない

B

おくさん
むすこ
むすめ
きょうだい
しまい
いとこ
おい

C

めい
おこさん
おじょうさん
まご
まごむすめ
よめ
むすめむこ

D

ふたご
ひとりっこ
としご
じっか
しゅうと
しゅうとめ
ぎりのちち

1	おや	親	부모
2	りょうしん	両親	양친
3	おっと	夫	남편
4	しゅじん	主人	남편
5	ごしゅじん	ご主人	남편분
6	つま	妻	아내
7	かない	家内	아내
8	おくさん	奥さん	부인
9	むすこ	息子	아들
10	むすめ	娘	딸
11	きょうだい	兄弟	형제
12	しまい	姉妹	자매
13	いとこ	従兄弟	사촌
14	おい	甥	남자조카
15	めい	姪	여자조카
16	おこさん	お子さん	자제분
17	おじょうさん	お嬢さん	따님
18	まご	孫	손자
19	まごむすめ	孫娘	손녀
20	よめ	嫁	며느리
21	むすめむこ	娘婿	사위
22	ふたご	双子	쌍둥이
23	ひとりっこ	一人っ子	외동딸
24	としご	年子	연년생
25	じっか	実家	친정(본가)
26	しゅうと	舅	시아버지(장인)
27	しゅうとめ	姑	시어머니(장모)
28	ぎりのちち	義理の父	시아버지(장인)

example

中学生(ちゅうがくせい)の息子(むすこ)と娘(むすめ)が一人(ひとり)ずついます。
중학생인 아들과 딸이 한 명씩 있습니다.

あの姉妹(しまい)は仲(なか)がいいので、毎日(まいにち)一緒(いっしょ)です。
저 자매는 사이가 좋아 매일 같이 다닙니다.

一人(ひとり)暮(ぐ)らしは親(おや)が反対(はんたい)したので諦(あきら)めました。
혼자서 사는 것은 부모님이 반대해서 포기했습니다.

主人(しゅじん)は今(いま)外(そと)に出(で)かけておりますが。
남편은 지금 밖에 나갔습니다만.

今日(きょう)は待(ま)ちに待(ま)った姪(めい)の結婚式(けっこんしき)です。
오늘은 기다리고 기다리던 조카의 결혼식입니다.

- 자신의 남편을 직접 부를 때에는 あなた, 자기의 부인을 직접 부를 때에는 おまえ나 이름을 부른다.
- 자신의 남편은 夫(おっと)와 主人(しゅじん), 타인의 남편은 ご主人(しゅじん)이다.
- お嬢(じょう)さん은 상대의 딸을 가리키는 경우와 미혼 여성을 가리키는 '아가씨'의 호칭어이다.
- 회화에서는 남자조카를 おいっこ, 여자조카를 めいっこ라고도 한다.
- 그 외에 시어머니(장모)는 義理(ぎり)の母(はは), 친하다는 親(した)しい, 소원하다는 疎(うと)い, 닮다는 似(に)ている, 꼭 닮다는 そっくりだ이다.

필수형용동사 정리 1

明(あき)らかだ 밝다
鮮(あざ)やかだ 선명하다
安全(あんぜん)だ 안전하다
嫌(いや)だ 싫다
うんざりだ 지긋지긋하다
おおざっぱだ 조잡하다

大(おお)っぴらだ 공공연하다
臆病(おくびょう)だ 겁 많다
穏(おだ)やかだ 온화하다
主(おも)だ 주요하다
穏和(おんわ)だ 온화하다
当(あ)たり前(まえ)だ 당연하다

기본단어 / 일상생활 / 인체와 감정 / 식물과 동물

017 生活雑貨1 생활용품1

A

- せっけん
- はみがきこ
- はブラシ
- トイレットペーパー
- せんざい
- シャンプー
- リンス

B

- ティッシュペーパー
- タオル
- てぬぐい
- ぞうきん
- ごみばこ
- ちりとり
- ほうき
- はたき

C

- ふとん
- しきぶとん
- かけぶとん
- もうふ
- ざぶとん
- パジャマ
- ガウン

D

- カーテン
- シート
- クッション
- まくら
- じゅうたん
- せんめんき

1	せっけん	石鹸	비누
2	はみがきこ	歯磨き粉	치약
3	はブラシ	歯ブラシ	칫솔
4	トイレットペーパー		화장지
5	せんざい	洗剤	세제
6	シャンプー	shampoo	샴푸
7	リンス	rinse	린스
8	ティッシュペーパー	ティッシュpaper	휴지 티슈
9	タオル	towel	타올
10	てぬぐい	手ぬぐい	손수건
11	ぞうきん	雑巾	걸레
12	ごみばこ	ゴミ箱	쓰레기통
13	ちりとり	ちり取り	쓰레받기
14	ほうき	箒	빗자루
15	はたき		먼지털이
16	ふとん	布団	이부자리
17	しきぶとん	敷き布団	요
18	かけぶとん	掛け布団	이불
19	もうふ	毛布	담요
20	ざぶとん	座布団	방석
21	パジャマ	pajamas	파자마
22	ガウン	gown	가운
23	カーテン	curtain	커텐
24	シート	sheet	시트
25	クッション	cushion	쿠션
26	まくら	枕	베개
27	じゅうたん		융단
28	せんめんき	洗面器	세면기

example

歯(は)ブラシに歯磨(はみが)き粉(こ)をつけて歯(は)を磨(みが)きました。
칫솔에 치약을 묻혀 이를 닦았습니다.

部屋(へや)に布団(ふとん)を敷(し)いてくださいませんか。
방에 이부자리를 깔아주시겠습니까?

洗面器(せんめんき)で顔(かお)を洗(あら)いました。
세면기에서 얼굴을 씻었습니다.

ほうきでゴミを集(あつ)めた後(あと)で、ちり取(と)りで取(と)ってください。
빗자루로 모은 뒤에 쓰레받기로 담아주세요.

座布団(ざぶとん)は畳(たたみ)のある和室(わしつ)で使(つか)う物(もの)です。
방석은 다다미가 있는 일본식 방에서 사용하는 물건입니다.

- 자동차에 끼우는 시트는 シート, 침대시트는 シーツ, 쇼파 등에 씌우는 시트는 カバー이다.
- 욕조는 浴槽(よくそう)라고도 お風呂(ふろ)라고도 한다.
- 그 외에 수도꼭지는 蛇口(じゃぐち), 양치는 歯磨(はみが)き, 가글하다는 うがいする, 이불을 깔다는 布団(ふとん)を敷(し)く, 이불을 개다는 布団(ふとん)をたたむ이다.

필수형용동사 정리 2

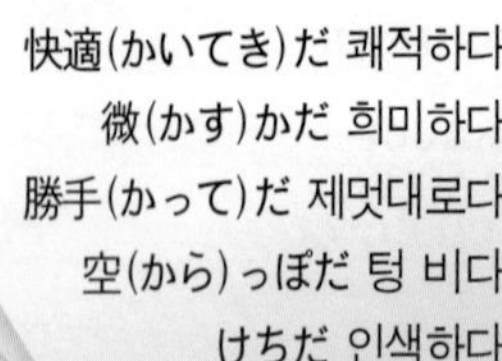

快適(かいてき)だ 쾌적하다
微(かす)かだ 희미하다
勝手(かって)だ 제멋대로다
空(から)っぽだ 텅 비다
けちだ 인색하다

完全(かんぜん)だ 완전하다
危険(きけん)だ 위험하다
気楽(きらく)だ 홀가분하다
口下手(くちべた)だ 말주변 없다
健康(けんこう)だ 건강하다
元気(げんき)だ 건강하다
困難(こんなん)だ 곤란하다

生活雑貨2 생활용품2

A

かぎ
じょう
えもんかけ
ハンガー
ねじ
でんとう
けいこうとう

B

コップ
カップ
グラス
スプーン
フォーク
マッチ
ライター

C

びん
フィルム
テープ
かがみ
イヤフォン
かなづち
かんでんち

D

くぎ
せんぬき
ろうそく
はしご
かみそり
かんきり
かいちゅうでんとう

1	かぎ	鍵	열쇠
2	じょう	錠	자물쇠
3	えもんかけ	衣紋掛け	옷걸이
4	ハンガー	hanger	옷걸이
5	ねじ		나사
6	でんとう	電灯	전등
7	けいこうとう	蛍光灯	형광등
8	コップ	cup	컵
9	カップ	cup	컵
10	グラス	glass	잔 글라스
11	スプーン	spoon	스푼
12	フォーク	fork	포크
13	マッチ	match	성냥
14	ライター	lighter	라이터
15	びん	瓶	병
16	フィルム	film	필름
17	テープ	tape	테잎
18	かがみ	鏡	거울
19	イヤフォン	earphone	이어폰
20	かなづち	金づち	망치
21	かんでんち	乾電池	건전지
22	くぎ	釘	못
23	せんぬき	栓抜き	병따개
24	ろうそく		양초
25	はしご	梯子	사닥다리
26	かみそり	剃刀	면도기
27	かんきり	缶切り	깡통따개
28	かいちゅうでんとう	懐中電灯	손전등

example

鍵(かぎ)をなくすと、錠(じょう)を取(と)り替(か)えなければなりません。
열쇠를 잃어버리면 자물쇠를 바꿔 끼지 않으면 안 됩니다.

目覚(めざ)まし時計(とけい)の針(はり)を回(まわ)して、アラームをセットしてください。
자명종시계의 바늘을 돌려 알람을 맞추어주세요.

デジタルカメラが普及(ふきゅう)したので、フィルムカメラは少(すく)なくなりました。
디지털카메라가 보급되어 필름카메라는 적어졌습니다.

ケーキの上(うえ)に、年(とし)の数(かず)だけろうそくをつけます。
케이크 위에 나이 수만큼 초를 꽂습니다.

火(ひ)の用心(ようじん)、マッチ一本(いっぽん)火事(かじ)の元(もと)。(標語)
불조심, 성냥 한 개피가 화재의 원인.(표어)

- コップ은 손잡이가 달리지 않은 컵, **カップ**는 손잡이가 달린 컵이다.
- 여성용면도기는 剃刀(かみそり), 남성용면도기는 髭剃(ひげそ)り라고 한다.
- 열쇠를 채우다는 鍵(かぎ)をかける, 옷을 걸다는 服(ふく)をかける, 옷걸이에 걸다는 ハンガーにかける이다.
- 그 외에 손톱깎이는 爪切(つめき)り, 귀이개는耳(みみ)かき이다.

필수형용동사 정리 3

幸(さいわい)だ 다행이다
盛(さか)んだ 번성하다
細(ささ)やかだ 자그마하다
幸(しあわ)せだ 행복하다
自然(しぜん)だ 자연스럽다
しなやかだ 나긋나긋하다
詳細(しょうさい)だ 상세하다
親切(しんせつ)だ 친절하다
心配(しんぱい)だ 걱정스럽다
邪魔(じゃま)だ 거추장스럽다
純粋(じゅんすい)だ 순수하다
順調(じゅんちょう)だ 순조롭다

019 交通 교통

A

こうつう
うんてん
えき
させつ
うせつ
ちゅうしゃ
ていしゃ

B

しんごう
バスてい
ていりゅうじょ
ふみきり
ちかどう
トンネル
こくどう

C

てつどう
ほどう
ほどうきょう
おうだんほどう
ちかみち
ゆそう
こしょう

D

こうそくどうろ
スピードいはん
こうつうルール
ばっきん
おいこし
ついとつ
しんごうむし

1	こうつう	交通	교통
2	うんてん	運転	운전
3	えき	駅	역
4	させつ	左折	좌회전
5	うせつ	右折	우회전
6	ちゅうしゃ	駐車	주차
7	ていしゃ	停車	정차
8	しんごう	信号	신호등
9	バスてい	bus停	버스정류장
10	ていりゅうじょ	停留所	정류장
11	ふみきり	踏み切り	건널목
12	ちかどう	地下道	지하도
13	トンネル	tunnel	터널
14	こくどう	国道	국도
15	てつどう	鉄道	철도
16	ほどう	歩道	인도
17	ほどうきょう	歩道橋	육교
18	おうだんほどう	横断歩道	횡단보도
19	ちかみち	近道	지름길
20	ゆそう	輸送	수송
21	こしょう	故障	고장
22	こうそくどうろ	高速道路	고속도로
23	スピードいはん	speed違反	속도위반
24	こうつうルール	交通rule	교통법규
25	ばっきん	罰金	벌금
26	おいこし	追い越し	추월
27	ついとつ	追突	추돌
28	しんごうむし	信号無視	신호무시

example

スピード違反(いはん)で罰金(ばっきん)を取(と)られ、減点(げんてん)されました。
속도위반으로 벌금을 물어 감점이 되었습니다.

学校(がっこう)へ行(い)く近道(ちかみち)を教(おし)えてください。
학교로 가는 지름길을 알려주세요.

信号(しんごう)の前(まえ)で何台(なんだい)も車(くるま)が止(とま)っています。
신호등 앞에서 몇 대의 차가 서 있습니다.

トンネルの工事(こうじ)で通(とお)れないので、回(まわ)り路(みち)をします。
터널공사로 지나갈 수 없으므로 돌아서 갑니다.

皆(みな)さん、横断歩道(おうだんほどう)がないので歩道橋(ほどうきょう)を渡(わた)りましょう。
여러분, 횡단보도가 없으니 육교로 건넙시다.

- 가로수는 街路樹(がいろじゅ)라고도 並木(なみき)라고도 한다.
- 차멀미는 車酔(くるまよ)い, 뱃멀미는 船酔(ふなよ)い, 비행기멀미는 飛行機酔(ひこうきよ)い이다.
- ~발은 ~発(はつ), ~행은 ~行(ゆ)き, ~편은 ~便(びん)이다.
- 그 외에 지름길은 近道(ちかみち), 우회로는 回(まわ)り道(みち), 러시아워는 ラッシュアワー, 타다는 乗(の)る, 내리다는 降(お)りる, 갈아타다는 乗(の)り換(か)える, 나르다는 運(はこ)ぶ, 싣다는 積(つ)む, 따라잡다는 追(お)い越(こ)す, 멀미를 하다는 乗(の)り物(もの)に酔(よ)う이다.

필수형용동사 정리 4

自由(じゆう)だ 자유롭다
素的(すてき)だ 멋지다
精巧(せいこう)だ 정교하다
せっかちだ 성급하다
粗末(そまつ)だ 허술하다
退屈(たいくつ)だ 지루하다
大好(だいす)きだ 매우 좋아하다
平(たい)らだ 평평하다
巧(たく)みだ 교묘하다
単純(たんじゅん)だ 단순하다
上品(じょうひん)だ 고상하다
丈夫(じょうぶ)だ 건강하다

乗り物 탈것

020

A

のりもの
くるま
バス
タクシー
ちかてつ
でんしゃ
じどうしゃ

B

きしゃ
ひこうき
じてんしゃ
オートバイ
パトロールカー
ふね
トラック

C

きっぷ
うんちん
きっぷうりば
かいさつぐち
のりかえ
りりく
ちゃくりく

D

ガソリンスタンド
ゆうらんせん
ブレーキ
シートベルト
そくど
スピード

1	のりもの	乗り物	탈것
2	くるま	車	차
3	バス	bus	버스
4	タクシー	taxi	택시
5	ちかてつ	地下鉄	지하철
6	でんしゃ	電車	전철
7	じどうしゃ	自動車	자동차
8	きしゃ	汽車	기차
9	ひこうき	飛行機	비행기
10	じてんしゃ	自転車	자전거
11	オートバイ	auto bicycle	오토바이
12	パトロールカー	patrol car	순찰차
13	ふね	船	배
14	トラック	truck	트럭
15	きっぷ	切符	표
16	うんちん	運賃	차비
17	きっぷうりば	切符売り場	매표소
18	かいさつぐち	改札口	개찰구
19	のりかえ	乗り換え	환승
20	りりく	離陸	이륙
21	ちゃくりく	着陸	착륙
22	ガソリンスタンド	gas station	주유소
23	ゆうらんせん	遊覧船	유람선
24	ブレーキ	brake	브레이크
25	シートベルト	seat belt	안전벨트
26	そくど	速度	속도
27	スピード	speed	스피드
28			

example

新幹線(しんかんせん)に乗(の)って名古屋(なごや)に着(つ)きました。
신칸선기차를 타고 나고야에 도착했습니다.

ようやくタクシーをつかまえて家(うち)に戻(もど)ると朝(あさ)でした。
겨우 택시를 잡아 집으로 돌아오니 아침이었습니다.

汽車(きしゃ)より飛行機(ひこうき)の方(ほう)が断然(だんぜん)速(はや)いです。
기차보다 비행기가 단연히 빠릅니다.

山(やま)の手(て)線(せん)は東京都内(とうきょうとない)を一周(いっしゅう)します。
야마노테선은 동경시내를 일주합니다.

高速道路(こうそくどうろ)では時速(じそく)150キロで走(はし)っています。
고속도로에서 시속150킬로로 달리고 있습니다.

- 예매는 前売(まえう)り, 예매권은 前売(まえう)り券(けん)이다.
- 자전거를 チャリンコ라고도 한다.
- 각역열차은 各駅列車(かくえきれっしゃ), 보통열차는 普通列車(ふつうれっしゃ), 통근열차는 通勤列車(つうきんれっしゃ), 화물열차는 貨物列車(かもつれっしゃ)이다.
- 교통수단이 없는 것을 足(あし)がない, 있을 때는 足(あし)がある라고 표현한다.

필수형용동사 정리 5

駄目(だめ)だ 소용없다
でたらめだ 엉터리다
和(なご)やかだ 온화하다
斜(なな)めだ 비스듬하다
生意気(なまいき)だ 건방지다
派手(はで)だ 화려하다
華(はな)やかだ 화사하다
非常識(ひじょうしき)だ 비상식적이다
密(ひそ)かだ 몰래하다
平等(びょうどう)だ 평등하다
不安(ふあん)だ 불안하다
複雑(ふくざつ)だ 복잡하다

021 電話 전화

A

でんわ
もしもし
けいたいでんわ
こくないでんわ
しないつうわ
しがいつうわ
こうしゅうでんわ

B

コレクトコール
いたずらでんわ
こくさいでんわ
ばんごうあんない
るすばんでんわ
でんわちょう
くにばんごう

C

でんわだい
つうわちゅう
はなしちゅう
ちゃくメロ
マナーモード
ケータイメール
ファックス

D

メッセージ
じさ
こき
かける
とる
つなぐ
まわす

1	でんわ	電話	전화
2	もしもし		여보세요
3	けいたいでんわ	携帯電話	휴대전화
4	こくないでんわ	国内電話	국내전화
5	しないつうわ	市内通話	시내전화
6	しがいつうわ	市外通話	시외전화
7	こうしゅうでんわ	公衆電話	공중전화
8	コレクトコール	collect call	콜렉트콜
9	いたずらでんわ	いたずら電話	장난전화
10	こくさいでんわ	国際電話	국제전화
11	ばんごうあんない	番号案内	번호안내
12	るすばんでんわ	留守番電話	자동응답기
13	でんわちょう	電話帳	전화번호부
14	くにばんごう	国番号	나라국번
15	でんわだい	電話代	전화요금
16	つうわちゅう	通話中	통화중
17	はなしちゅう	話し中	통화중
18	ちゃくメロ	着melody	착신멜로디
19	マナーモード	manner mode	진동
20	ケータイメール	携帯message	문자메세지
21	ファックス	fax	팩스
22	メッセージ	message	메세지
23	じさ	時差	시차
24	こき	子機	무선전화기
25	かける		걸다
26	とる		받다
27	つなぐ		연결하다
28	まわす	回す	돌리다

example

電話代(でんわだい)を気(き)にしないで電話(でんわ)がかけられたらなぁ。
전화세를 걱정하지 않고 전화를 걸 수 있으면 좋겠다.

公衆電話(こうしゅうでんわ)を見(み)つけるのに苦労(くろう)しました。
공중전화를 찾는 데 고생했습니다.

いたずら電話(でんわ)のせいで夜(よる)も寝(ね)られませんでした。
장난전화 때문에 저녁에도 못 잤습니다.

もしもし、先生(せんせい)のお宅(たく)でしょうか、先生(せんせい)いらっしゃいますか。
여보세요, 선생님 댁이십니까? 선생님 계십니까?

仕方(しかた)がないので、留守番電話(るすばんでんわ)にメッセージを残(のこ)した。
하는 수 없어서 부재중전화에 메시지를 남겼다.

- 휴대전화는 携帯(けいたい), ケイタイ라고도 한다.
- 子機(こき)의 반대말은 親機(おやき)이다.
- 전화를 하다는 電話(でんわ)をする, 전화를 걸다는 電話(でんわ)をかける, 전화를 받다는 電話(でんわ)をとる나 電話(でんわ)に出(で)る, 전화를 바꾸다는 電話(でんわ)を変(か)わる, 전화를 돌리다는 電話(でんわ)を回(まわ)す, 전화를 넣다는 電話(でんわ)を入(い)れる, 전화를 빌리다는 電話(でんわ)を借(か)りる, 전화를 끊다는 電話(でんわ)を切(き)る, 전화가 울리다는 電話(でんわ)が鳴(な)る, 전화가 고장나다는 電話(でんわ)が故障(こしょう)しているである.
- 휴대폰을 끄다는 ケータイを切(き)る, 휴대폰 전원이 나가다는 ケータイが切(き)れる이다.

필수형용동사 정리 6

不十分(ふじゅうぶん)だ 불충분하다
不気味(ぶきみ)だ 기분 나쁘다
無事(ぶじ)だ 무사하다
平穏(へいおん)だ 평온하다
変(へん)だ이상하다
真面目(まじめ)だ성실하다
見事(みごと)だ 훌륭하다
無邪気(むじゃき)だ 천진난만하다
無駄(むだ)だ 헛되다
夢中(むちゅう)だ 몰두하다
無暗(むやみ)だ 터무니없다
無理(むり)だ무리다

住居 주거

A

いえ
うち
へや
じゅうたく
すまい
じゅうしょ
おたく

B

じゅうきょ
やちん
へやだい
しききん
れいきん
ほしょうきん
おおやさん

C

アパート
マンション
ワンルーム
だんち
げしゅく
べっそう
ひあたり

D

こきょう
いなか
とし
とかい
しない
こうがい
じすい

1	いえ	家	집
2	うち	家	집
3	へや	部屋	방(집)
4	じゅうたく	住宅	주택
5	すまい	住まい	주거지
6	じゅうしょ	住所	주소
7	おたく	お宅	댁
8	じゅうきょ	住居	주거
9	やちん	家賃	집세
10	へやだい	部屋代	방세
11	しききん	敷金	보증금
12	れいきん	礼金	사례금
13	ほしょうきん	保証金	보증금
14	おおやさん	大家さん	집주인
15	アパート	apartment	아파트
16	マンション	mansion	맨션
17	ワンルーム	one-room	원룸
18	だんち	団地	단지
19	げしゅく	下宿	하숙
20	べっそう	別荘	별장
21	ひあたり	日当たり	채광
22	こきょう	故郷	고향
23	いなか	田舎	시골
24	とし	都市	도시
25	とかい	都会	도시
26	しない	市内	시내
27	こうがい	郊外	교외
28	じすい	自炊	자취

example

松本(まつもと)さんのお住(す)まいはどこですか。
마츠모토씨가 사시는 곳은 어디입니까?

都会(とかい)は交通(こうつう)が便利(べんり)で、住(す)みやすいと思(おも)います。
도시는 교통이 편리해서 살기 편합니다.

この住宅地(じゅうたくち)は駅(えき)に近(ちか)くて暮(くら)しやすい所(ところ)です。
이 주택지는 역에 가까워서 생활하기 쉬운 곳입니다.

この部屋(へや)は日当(ひあ)たりがいいし、家賃(やちん)も安(やす)いです。
이 집은 채광이 좋고, 집세도 쌉니다.

まえもって引(ひ)っ越(こ)し先(さき)の周(まわ)りを見(み)ておいたほうがいいですよ。
미리 이사할 곳 주변을 봐두는 편이 좋습니다.

- 家(いえ)는 건물, 가정, 가문, 법률용어 등 그 쓰임 폭이 넓고, 家(うち)는 회화적인 표현으로 집에 사는 사람까지이며 내 집이라는 뉘앙스가 강하다.
- 한국의 아파트는 マンション, 한국의 맨션은 アパート이다.
- 이사할 곳은 引(ひ)っ越(こ)し先(さき)라고 한다.
- 그 외에 살다는 住(す)む, 사다는 買(か)う, 팔다는 売(う)る, 빌리다는 借(か)りる, 빌려주다는 貸(か)す, 방문하다는 お邪魔(じゃま)する이다.

필수형용동사 정리 7

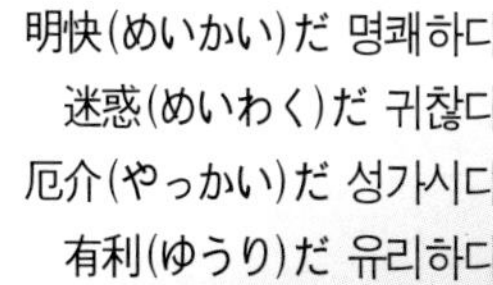

明快(めいかい)だ 명쾌하다	有力(ゆうりょく)だ 유력하다
迷惑(めいわく)だ 귀찮다	豊(ゆた)かだ 풍부하다
厄介(やっかい)だ 성가시다	余計(よけい)だ 쓸데없다
有利(ゆうり)だ 유리하다	立派(りっぱ)だ 훌륭하다

023 家 집

A

- ドア
- まど
- てんじょう
- げんかん
- かべ
- かいだん
- へや

B

- しんしつ
- ろうか
- バスルーム
- しょさい
- いま
- おうせつま
- おてあらい

C

- ゆか
- やね
- かき
- にわ
- ていえん
- ベランダ
- ちかしつ

D

- しゃこ
- ガレージ
- おくじょう
- ひょうさつ
- よびりん
- げたばこ
- えんとつ

1	ドア	door	문
2	まど	窓	창
3	てんじょう	天井	천장
4	げんかん	玄関	현관
5	かべ	壁	벽
6	かいだん	階段	계단
7	へや	部屋	방
8	しんしつ	寝室	침실
9	ろうか	廊下	복도
10	バスルーム	bathroom	욕실
11	しょさい	書斎	서재
12	いま	居間	거실
13	おうせつま	応接間	응접실
14	おてあらい	お手洗い	화장실
15	ゆか	床	마루
16	やね	屋根	지붕
17	かき	垣	담
18	にわ	庭	마당
19	ていえん	庭園	정원
20	ベランダ	veranda	베란다
21	ちかしつ	地下室	지하실
22	しゃこ	車庫	차고
23	ガレージ	garage	차고
24	おくじょう	屋上	옥상
25	ひょうさつ	表札	문패
26	よびりん	呼び鈴	초인종
27	げたばこ	下駄箱	신발장
28	えんとつ	煙突	굴뚝

example

夫(おっと)は書斎(しょさい)で本(ほん)を読(よ)んだり、仕事(しごと)をしたりします。
남편은 서재에서 책을 읽거나 일을 하거나 합니다.

家(いえ)の屋根(やね)が壊(こわ)れて、雨漏(あまも)りし始(はじ)めました。
집의 지붕이 부서져 비가 새기 시작했습니다.

タバコで汚(きたな)くなったので壁紙(かべがみ)を貼(は)りかえたいんです。
담배로 더러워져서 벽지를 바꾸고 싶습니다.

取引先(とりひきさき)のお客(きゃく)さんが応接間(おうせつま)にいらっしゃいます。
거래처 손님이 응접실에 계십니다.

考(かんが)え事(ごと)をしていたら柱(はしら)にぶつかって倒(たお)れました。
고민거리를 생각하다가 기둥에 부딪혀 넘어졌습니다.

- 두꺼비집은 ブレーカー라고도 ヒューズ라고도 한다.
- 초인종은 呼(よ)び鈴(りん)이라고도 インターホン라고도 한다.
- 그 외에 층은 階(かい), 기둥은 柱(はしら), 벽돌은 煉瓦(れんが), 기와는 瓦(かわら), 스위치는 スイッチ, 엘리베이터는 エレベーター, 우편함은 郵便受(ゆうびんう)け, 두꺼비집은 ブレーカー이다.

기초동사 정리 1

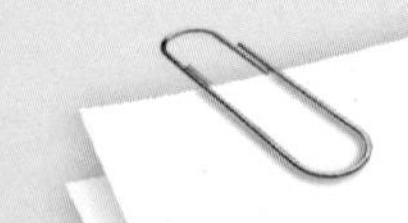

会(あ)う 만나다
合(あ)う 맞다
上(あ)がる 오르다
開(あ)く 열리다
開(あ)ける 열다
上(あ)げる 올리다
あげる 드리다
遊(あそ)ぶ 놀다
集(あつ)まる 모이다
集(あつ)める 모으다
浴(あ)びる 끼얹다
謝(あやま)る 사과하다

台所 부엌

A

だいどころ
おさら
うつわ
ちゃわん
おわん
なべ
おぼん

B

しゃくし
おたま
しゃもじ
はし
さじ
ほうちょう
ナイフ

C

たわし
ふきん
まないた
やかん
かま
フライパン
おろし

D

さらあら
ながし
かんきせん
ガスレンジ
でんしレンジ
でんきすいはんき
トースター

1	だいどころ	台所	부엌
2	おさら	皿	접시
3	うつわ	器	그릇
4	ちゃわん	茶碗	밥그릇
5	おわん	お椀	국그릇
6	なべ	鍋	냄비
7	おぼん	お盆	쟁반
8	しゃくし	杓子	국자
9	おたま	お玉	국자
10	しゃもじ		주걱
11	はし	箸	젓가락
12	さじ		수저
13	ほうちょう	包丁	식칼
14	ナイフ	knife	칼
15	たわし		수세미
16	ふきん	布巾	행주
17	まないた	まな板	도마
18	やかん		주전자
19	かま	釜	솥
20	フライパン	frypan	프라이팬
21	おろし	下ろし	강판
22	おさらあらい	お皿洗い	설거지
23	ながし	流し	싱크대
24	かんきせん	換気扇	환풍기
25	ガスレンジ		가스렌지
26	でんしレンジ	電子レンジ	전자렌지
27	でんきすいはんき	電気炊飯器	전기밥솥
28	トースター	toaster	토스터

example

台所(だいどころ)で今日(きょう)の夕飯(ゆうはん)を作(つく)っています。
부엌에서 오늘 먹을 저녁을 만들고 있습니다.

やかんでお湯(ゆ)を沸(わ)かすと、電気(でんき)ポットよりもはやく沸(わ)きます。
주전자로 물을 끓이면 전기포트보다 빨리 끓습니다.

お土産(みやげ)でいただいたケーキを皿(さら)に盛(も)りました。
선물로 받은 케이크를 접시에 담았습니다.

テーブルの上(うえ)にスプーンとフォークが置(お)いてあります。
테이블 위에 스푼과 포크가 놓여져 있습니다.

洗(あら)い物(もの)の後(あと)、布巾(ふきん)で器(うつわ)を拭(ふ)きました。
설거지를 한 다음에 행주로 그릇을 닦았습니다.

- 설거지는 お皿(さら)洗(あら)い라고도 後片付(あとかたづ)け라고도 한다.
- 식사준비를 하다는 食事(しょくじ)の仕度(したく)をする, 전자레인지에 데우다는 電子(でんし)レンジでチンする, 젓가락질을 잘하다는 箸(はし)使(づか)いが上手(じょうず)だ, 젓가락질을 못하다는 箸(はし)使(づか)いが下手(へた)だ이다.
- 그 외에 나무주걱은 木(き)べら, 냄비장갑은 鍋(なべ)つかみ, 냄비받침은 鍋(なべ)しき, 오븐은 オーブン, 토스터는 トースター, 커피메이커는 コーヒーメーカー, 믹서는 ミキサー, 믹서기는 フードプロセッサー, 압력솥은 圧力鍋(あつりょくなべ)이다.

기초동사 정리 2

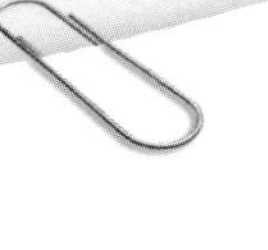

洗(あら)う 씻다
ある 있다
歩(ある)く 걷다
言(い)う 말하다
生(い)きる 살다
行(い)く 가다
いじめる 괴롭히다
急(いそ)ぐ 서두르다
致(いた)す 하다의 겸양어
いただく 받다
祈(いの)る 기도하다
いらっしゃる 계시다

025 家電製品 가전제품

A

- テレビ
- ビデオ
- でんわ
- カメラ
- デジカメ
- ケータイ
- ラジオ

B

- ドライヤー
- れいぞうこ
- せんたくき
- そうじき
- せんぷうき
- エアコン
- クーラー

C

- スタンド
- ステレオ
- アイロン
- ミシン
- でんたく
- コンピューター
- ノートブック

D

- ワープロ
- ラジカセ
- でんきかみそり
- CDデッキ
- ファックス
- コピーき
- リモコン

1	テレビ	television	텔레비전
2	ビデオ	video	비디오
3	でんわ	電話	전화
4	カメラ	camera	카메라
5	デジカメ	digital camera	디카
6	ケータイ	携帯	휴대폰
7	ラジオ	radio	라디오
8	ドライヤー	drier	드라이어
9	れいぞうこ	冷蔵庫	냉장고
10	せんたくき	洗濯機	세탁기
11	そうじき	掃除機	청소기
12	せんぷうき	扇風機	선풍기
13	エアコン	air conditioner	냉난방에어컨
14	クーラー	cooler	에어컨
15	スタンド	stand	스탠드
16	ステレオ	stereo	오디오
17	アイロン	iron	다리미
18	ミシン	sewing machine	재봉틀
19	でんたく	電卓	전자계산기
20	コンピューター	computer	컴퓨터
21	ノートブック	notebook	노트북
22	ワープロ		워드프로세서
23	ラジカセ		라디오
24	でんきかみそり	電気剃刀	전기면도기
25	CDデッキ		CD플레이어
26	ファックス	fax	팩시밀리
27	コピーき	copy機	복사기
28	リモコン	remote control	리모콘

example

デパートに行(い)けば家電製品(かでんせいひん)が買(か)えます。
백화점에 가면 가전제품을 살수 있습니다.

試験中(しけんちゅう)は携帯(けいたい)の電源(でんげん)を切(き)っておいてください。
시험중에는 핸드폰 전원을 꺼놓아 주세요.

社内旅行(しゃないりょこう)にカメラを持(も)っていくつもりです。
사내여행에 카메라를 가져 갈 작정입니다.

ビールは冷蔵庫(れいぞうこ)に冷(ひ)やしてあります。
맥주는 냉장고에 식혀져 있습니다.

この書類(しょるい)を3枚(まい)コピーして持(も)ってきてください。
이 서류를 3장 복사해서 가져다주세요.

- エアコン는 온난방기계이고 クーラー는 냉방만 되는 에어컨이다.
- 휴대폰은 携帯電話(けいたいでんわ)라고도 하고, 오디오는 コンポ라고 하기도 한다.
- 전기를 켜다는 電気(でんき)をつける, 전원을 켜다는 電源(でんげん)を入(い)れる, 전기를 끄다는 電気(でんき)を消(け)す, 스위치를 끄다는 スイッチを切(き)る, 콘센트에 플러그를 꽂다는 コンセントにプラグを差(さ)し込(こ)む, 다리미를 하다는 アイロンをかける이다.

기초동사 정리 3

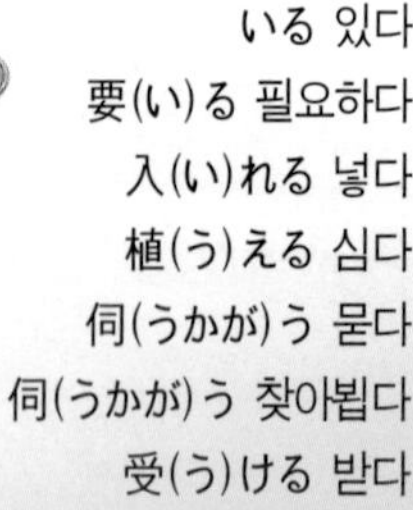

いる 있다
要(い)る 필요하다
入(い)れる 넣다
植(う)える 심다
伺(うかが)う 묻다
伺(うかが)う 찾아뵙다
受(う)ける 받다
動(うご)く 움직이다
歌(うた)う 노래부르다
打(う)つ 치다
写(うつ)す(사진을) 찍다
移(うつ)る 옮기다

家具 가구

A

かぐ
つくえ
いす
ほんだな
ほんばこ
テーブル
ソファー

B

しょくたく
おしいれ
ひきだし
クローゼット
ベッド
シングルベッド
ツインベッド

C

たんす
ちゃだんす
たな
とけい
はしらどけい
めざましどけい
ドレッサー

D

シャンデリア
ふとん
しきぶとん
かけぶとん
もうふ
ざぶとん
じゅうたん

1	かぐ	家具	가구
2	つくえ	机	책상
3	いす	椅子	의자
4	ほんだな	本棚	책장
5	ほんばこ	本箱	책장
6	テーブル	table	테이블
7	ソファー	sofa	소파
8	しょくたく	食卓	식탁
9	おしいれ	押し入れ	이불장
10	ひきだし	引き出し	서랍
11	クローゼット	closet	옷장
12	ベッド	bed	침대
13	シングルベッド	single bed	싱글침대
14	ツインベッド	twin bed	트윈침대
15	たんす	箪笥	서랍장
16	ちゃだんす	茶箪笥	찬장
17	たな	棚	선반
18	とけい	時計	자명종시계
19	はしらどけい	柱時計	괘종시계
20	めざましどけい	目覚まし時計	자명종시계
21	ドレッサー	dresser	화장대
22	シャンデリア	chandelier(프)	샹들리에
23	ふとん	布団	이부자리
24	しきぶとん	敷き布団	요
25	かけぶとん	掛け布団	이불
26	もうふ	毛布	담요
27	ざぶとん	座布団	방석
28	じゅうたん		융단

example

机(つくえ)の上(うえ)に本(ほん)とノートが置(お)いてあります。
책상 위에 책과 노트가 놓여 있습니다.

椅子(いす)とかベットとかソファーなどを家具(かぐ)といいます。
의자라든가 침대라든가 소파 등을 가구라고 합니다.

テーブルだけでなく、どうしてこんなに床(ゆか)も汚(よご)れているのですか。
테이블뿐만 아니라 어째서 이렇게 바닥도 더러운 겁니까?

本(ほん)が大好(だいす)きな妹(いもうと)は本棚(ほんだな)を欲(ほし)しがっています。
책을 가장 좋아하는 여동생은 책장을 갖고 싶어합니다.

柱時計(はしらどけい)は、30分(ぷん)ごとに音(おと)が鳴(な)ります。
괘종시계는 30분마다 소리가 울립니다.

- 융단은 じゅうたん, 카펫은 カーペット라고 한다.
- 발은 すばれ, 2층침대는 二段(にだん)ベッド이다.
- 침대에 눕다는 ベッドに横(よこ)になる, 소파에 눕다는 ソファーに横(よこ)になる라고 한다.
- 이불을 깔다는 布団(ふとん)を敷(し)く, 이불을 개다는 布団(ふとん)をたたむ이다.

기초동사 정리 4

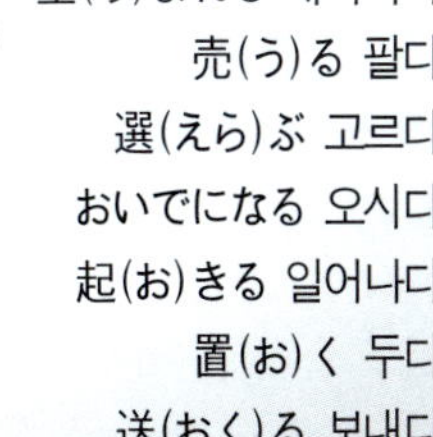

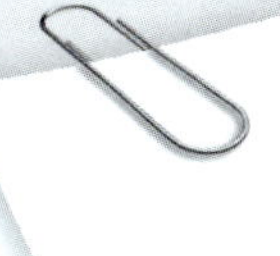

生(う)まれる 태어나다
売(う)る 팔다
選(えら)ぶ 고르다
おいでになる 오시다
起(お)きる 일어나다
置(お)く 두다
送(おく)る 보내다
遅(おく)れる 늦다
起(おこ)る 일어나다
起(お)こす 일으키다
行(おこな)う 행하다
教(おし)える 가르치다

기본단어
일상생활
인체와 감정
사물과 동물

027 服装 복장

A

ふくそう
ようふく
せびろ
スーツ
オーバー
コート
ジャンパー

B

セーター
カーディガン
チョッキ
ベスト
シャツ
ワイシャツ
ティーシャツ

C

ワンピース
スカート
ミニスカート
ロングスカート
ズボン
ジーパン
ジージャン

D

うわぎ
ジャケット
ドレス
ブラウス
せいふく
トレーナー
みずぎ

1	ふくそう	服装	복장
2	ようふく	洋服	양복
3	せびろ	背広	양복
4	スーツ	suit	여성정장
5	オーバー	overcoat	오버
6	コート	coat	코트
7	ジャンパー	jumper	점퍼
8	セーター	sweater	세타
9	カーディガン	cardigan	가디건
10	チョッキ	jaque(포)	조끼
11	ベスト	vest	조끼
12	シャツ	shirts	셔츠
13	ワイシャツ	white shirts	와이셔츠
14	ティーシャツ	T-shirts	티셔츠
15	ワンピース	one-piece	원피스
16	スカート	skirt	치마
17	ミニスカート	miniskirt	미니스커트
18	ロングスカート	long skirt	롱스커트
19	ズボン	jupon(프)	바지
20	ジーパン	Gパン	청바지
21	ジージャン	Gジャン	청재킷
22	うわぎ	上着	상의
23	ジャケット	jacket	재킷
24	ドレス	dress	드레스
25	ブラウス	blouse	블라우스
26	せいふく	制服	제복
27	トレーナー	trainer	운동복
28	みずぎ	水着	수영복

example

パーティーにはかわいい服装(ふくそう)をして行(い)きましょう。
파티에는 예쁜 복장을 하고 갑시다.

山田(やまだ)さんはセーターを着(き)て、ジーンズを履(は)いている。
야마다씨는 스웨터에 청바지를 입고 있다.

朝(あさ)は寒(さむ)いので、トレーナーを着(き)てジョギングをしています。
아침에는 추워서 운동복을 입고 조깅을 하고 있습니다.

寝(ね)ている間(あいだ)に汗(あせ)をかいたので、下着(したぎ)を着替(きが)えました。
자는 동안 땀을 흘려서 속옷을 갈아입었습니다.

水着(みずぎ)売(う)り場(ば)は何階(なんがい)にありますか。
수영복 판매장은 몇 층에 있습니까?

- 背広(せびろ)는 남성정장이고 スーツ는 여성정장이고 洋服(ようふく)는 양복의 의미가 아니라 옷이다.
- 깃은 襟(えり), 주머니는 ポケット, 소매는 袖(そで), 단추는 ボタン, 옷자락은 すそ이다.
- 옷을 입다는 服(ふく)を着(き)る, 옷을 벗다는 服(ふく)を脱(ぬ)ぐ, 옷을 갈아입다는 服(ふく)を着替(きが)える이다.
- 그 외에 러닝은 ランニング, 여자교복은 セーラー服(ふく), 유니폼은 ユニフォーム, 파자마는 パジャマ, 속옷은 下着(したぎ)나 肌着(はだぎ), 잠옷은 寝巻(ねま)き, 팬티와 바지는 パンツ, 브래지어는 ブラジャー, 비옷은 かっぱ, 구두주걱은 靴(くつ)べら이다.

기초동사 정리 5

押(お)す 누르다
落(お)ちる 떨어지다
おっしゃる 말씀하시다
落(お)とす 떨어뜨리다
踊(おど)る 춤추다
驚(おどろ)く 놀라다
思(おも)う 생각하다
泳(およ)ぐ 수영하다
降(お)りる 내리다
下(お)りる 내리다
おる 있다
思(おも)い出(だ)す 생각나다

アクセサリー 액세서리

A

- アクセサリー
- ほうせき
- ネックレス
- ゆびわ
- イヤリング
- ピアス
- うでわ

B

- ダイヤモンド
- ダイヤ
- きん
- ぎん
- ルビー
- しんじゅ
- さんご

C

- エメラルド
- プラチナ
- すいしょう
- サファイヤ
- むらさきすいしょう
- ぞうげ
- ぎょく

D

- にせもの
- ほんもの
- ヘアピン
- かざる
- よそおう
- おしゃれだ

1	アクセサリー	accessory	액세서리
2	ほうせき	宝石	보석
3	ネックレス	necklace	목걸이
4	ゆびわ	指輪	반지
5	イヤリング	earring	귀걸이
6	ピアス	pierce	귀걸이
7	うでわ	腕輪	팔찌
8	ダイヤモンド	diamond	다이아몬드
9	ダイヤ	dia	다이아
10	きん	金	금
11	ぎん	銀	은
12	ルビー	ruby	루비
13	しんじゅ	真珠	진주
14	さんご	珊瑚	산호
15	エメラルド	emerald	에메랄드
16	プラチナ	platinum	백금
17	すいしょう	水晶	수정
18	サファイヤ	sapphire	사파이어
19	むらさきすいしょう	紫水晶	자수정
20	ぞうげ	象牙	상아
21	ぎょく	玉	옥
22	にせもの	偽物	가짜
23	ほんもの	本物	진짜
24	ヘアピン	hairpin	머리핀
25	かざる	飾る	장식하다
26	よそおう	装う	꾸미다
27	おしゃれだ		멋지다
28			

example

フィアンセにダイアモンドの婚約指輪(こんやくゆびわ)をもらいました。
약혼자에게 다이아몬드 결혼반지를 받았습니다.

真珠(しんじゅ)のネックレスの値段(ねだん)は9万円(きゅうまんえん)です。
진주목걸이 가격은 9만엔입니다.

海辺(うみべ)で母(はは)からもらった大事(だいじ)なピアスを落(お)としてしまいました。
해변에서 어머니에게서 받은 귀걸이를 떨어뜨렸습니다.

パリに旅行(りょこう)に行(い)ったついでに香水(こうすい)を買(か)いました。
파리에 여행 간 김에 향수를 샀습니다.

これは正真正銘(しょうしんしょうめい)本物(ほんもの)のダイヤですね。
이것은 틀림없는 진짜 다이아몬드로군요.

- **イヤリング**는 귀를 뚫지 않고 하는 귀걸이이고, **ピアス**는 귀를 뚫어서 하는 귀걸이이다.
- 팔찌는 **ブレスレット**라고도 한다.
- 시계와 반지와 팔찌는 동사 **つける**와 **はめる**를 사용하고, 그 외의 액세서리는 **する**를 사용한다.

기초동사 정리 6

折(お)る 꺾다
折(お)れる 꺾이다
終(お)わる 끝나다
買(か)う 사다
返(かえ)す 되돌리다
帰(かえ)る 돌아가다
変(か)える 바꾸다
かかる 걸리다
書(か)く 쓰다
かける 걸다
掛(か)ける 걸다
飾(かざ)る 장식하다

029 おしゃれ 멋

A

おしゃれ
けしょう
けしょうひん
けしょうすい
スキンローション
ローション
クリーム

B

くちべに
ファンデーション
マスカラ
マニキュア
こうすい
アイシャドー
ほおべに

C

せっけん
けしょうせっけん
せんがんざい
クレンジング
ひやけどめクリーム
トリートメント
ボディーソープ

D

にゅうえき
はながら
みずたまがら
チェックがら
ストライプ
よこじま
たてじま

1	おしゃれ		멋
2	けしょう	化粧	화장
3	けしょうひん	化粧品	화장품
4	けしょうすい	化粧水	화장수
5	スキンローション	skin lotion	스킨
6	ローション	lotion	로션
7	クリーム	cream	크림
8	くちべに	口紅	립스틱
9	ファンデーション	foundation	파운데이션
10	マスカラ	mascara	마스카라
11	マニキュア	manicure	매니큐어
12	こうすい	香水	향수
13	アイシャドー	eye shadow	아이섀도
14	ほおべに	頬紅	볼터치
15	せっけん	石鹸	비누
16	けしょうせっけん	化粧石鹸	화장비누
17	せんがんざい	洗顔剤	세안제
18	クレンジング	cleansing cream	클린징
19	ひやけどめクリーム	日焼け止めクリーム	썬크림
20	トリートメント	treatment	트리트먼트
21	ボディーソープ	body soap	바디샴푸
22	にゅうえき	乳液	로션
23	はながら	花柄	꽃무늬
24	みずたまがら	水玉柄	물방울무늬
25	チェックがら	check柄	체크무늬
26	ストライプ	stripe	줄무늬
27	よこじま	横縞	가로줄무늬
28	たてじま	縦縞	세로줄무늬

example

洗顔剤(せんがんざい)で顔(かお)をやさしく洗(あら)いましょう。
세안제로 얼굴을 부드럽게 씻읍시다.

彼女(かのじょ)はおしゃれに人一倍(ひといちばい)気(き)を使(つか)います。
그녀는 멋을 부리는 것에 다른 사람 두 배로 신경을 씁니다.

化粧(けしょう)の後(あと)は必(かなら)ずクレンジングをすること。
화장 후에는 반드시 클린징을 할 것.

新(あたら)しい口紅(くちべに)を買(か)ったので塗(ぬ)ってみました。
새 립스틱을 산지라 입술에 발라 보았습니다.

紺色(こんいろ)のストライプのTシャツがほしいんですが。
군청색 줄무늬 티셔츠를 갖고 싶습니다.

- 건성피부는 乾燥肌(かんそうはだ), 지성피부는 油性肌(あぶらしょうはだ), 민감성피부는 敏感肌(びんかんはだ), 복합성피부는 混合肌(こんごうはだ), 보통피부는 普通肌(ふつうはだ)이다.

기초동사 정리 7

貸(か)す 빌려주다
勝(か)つ 이기다
かぶる(모자 등을) 쓰다
噛(か)む 씹다
通(かよ)う 다니다
借(か)りる 빌리다
乾(かわ)く 마르다
変(か)わる 바뀌다
考(かんが)える 생각하다
頑張(がんば)る 힘내다
消(き)える 없어지다
片付(かたづ)ける 치우다

雑貨 잡화

A

- かばん
- さいふ
- ぼうし
- てぶくろ
- ハンドバック
- スーツケース
- うでどけい

B

- くつ
- くつした
- うんどうぐつ
- スニーカー
- ブーツ
- ストッキング
- ハンカチ

C

- マフラー
- スカーフ
- ネクタイ
- ネクタイピン
- かさ
- ひがさ
- かがみ

D

- めがね
- サングラス
- コンタクトレンズ
- エプロン
- せんす
- ベルト
- くし

1	かばん	鞄	가방
2	さいふ	財布	지갑
3	ぼうし	帽子	모자
4	てぶくろ	手袋	장갑
5	ハンドバック	handbag	핸드백
6	スーツケース	suitcase	여행가방
7	うでどけい	腕時計	손목시계
8	くつ	靴	신발
9	くつした	靴下	양말
10	うんどうぐつ	運動靴	운동화
11	スニーカー	sneakers	스니커
12	ブーツ	boots	부츠
13	ストッキング	stocking	스타킹
14	ハンカチ	handkerchief	손수건
15	マフラー	muffler	머플러
16	スカーフ	scarf	스카프
17	ネクタイ	necktie	넥타이
18	ネクタイピン	necktie pin	넥타이핀
19	かさ	傘	우산
20	ひがさ	日傘	양산
21	かがみ	鏡	거울
22	めがね	眼鏡	안경
23	サングラス	sunglasses	선글라스
24	コンタクトレンズ	contact lens	콘택트렌즈
25	エプロン	apron	앞치마
26	せんす	扇子	부채
27	ベルト	belt	벨트
28	くし	櫛	빗

example

寒(さむ)いので帽子(ぼうし)を被(かぶ)ったり手袋(てぶくろ)をはめたりしました。
추워서 모자를 쓰기도 하고, 장갑을 끼기도 했습니다.

財布(さいふ)を家(いえ)に忘(わす)れて、つけで買(か)ってきました。
지갑을 집에 두고 안 가져가서 외상으로 사 왔습니다.

ひったくりに後(うし)ろから、ハンドバックごと盗(ぬす)まれました。
날치기에게 뒤에서 핸드백을 통째로 도난 당했습니다.

この靴(くつ)とブーツは値段(ねだん)が同(おな)じです。
이 신발과 부츠는 가격이 같습니다.

あの眼鏡(めがね)をかけている人(ひと)はだれですか。
저 안경을 쓰고 있는 사람은 누구입니까?

- 모자를 쓰다는 帽子(ぼうし)をかぶる 벗다는 脱(ぬ)ぐ이고, 신발은 신다는 靴(くつ)を履(は)く, 양말을 벗다는 靴下(くつした)を脱(ぬ)ぐ, 넥타이를 매다는 ネクタイを締(し)める 풀르다는 外(はず)す, 손수건을 챙기다는 ハンカチを持(も)つ이다.
- 그 외에 리본은 リボン, 라이터는 ライター, 정액권지갑은 定期入(ていきい)れ, 담배는 煙草(たばこ), 재떨이는 灰皿(はいざら), 접이식우산은 折(お)り畳(たた)み傘(がさ)이다.

기초동사 정리 8

聞(き)く 듣다
聞(き)こえる 들리다
決(き)まる 정해지다
決(き)める 정하다
切(き)る 자르다
着(き)る 입다
くださる 주시다
曇(くも)る 흐리다
比(くら)べる 비교하다
くれる 주다
暮(く)れる 저물다
消(け)す 끄다

031 文房具 문구

A

ぶんぼうぐ
かみ
ノート
ペン
えんぴつ
ボールペン
てちょう

B

まんねんひつ
けしゴム
ふで
ふでばこ
のり
じょうぎ
ものさし

C

はさみ
チョーク
がびょう
はんこ
ホッチキス
ホッチキスのはり
しゅにく
はこ

D

そろばん
インク
えのぐ
はかり
しゅうせいえき
コンパス

1	ぶんぼうぐ	文房具	문구
2	かみ	紙	종이
3	ノート	note	공책
4	ペン	pen	펜
5	えんぴつ	鉛筆	연필
6	ボールペン	ball pen	볼펜
7	てちょう	手帳	수첩
8	まんねんひつ	万年筆	만년필
9	けしゴム	消ゴム	지우개
10	ふで	筆	붓
11	ふでばこ	筆箱	필통
12	のり	糊	풀
13	じょうぎ	定規	자
14	ものさし	物差し	자
15	はさみ	挟み	가위
16	チョーク	chalk	분필
17	がびょう	画びょう	압정
18	はんこ	判子	도장
19	ホッチキス	stapler	스테이플러
20	ホッチキスのはり	ホッチキスの針	스테이플러 심
21	しゅにく	朱肉	인주
22	はこ	箱	상자
23	そろばん		주판
24	インク	ink	잉크
25	えのぐ	絵の具	물감
26	はかり	秤	저울
27	しゅうせいえき	修正液	수정액
28	コンパス	compass	컴퍼스

example

母(はは)に卒業祝(そつぎょういわ)いに万年筆(まんねんひつ)をもらいました。
엄마에게 졸업축하선물로 만년필을 받았습니다.

手(て)で切(き)れないのなら、はさみで切(き)ってもいいです。
손으로 잘리지 않으면 가위로 잘라도 좋습니다.

黒板(こくばん)に赤(あか)のチョークで問題(もんだい)を書(か)きました。
칠판에 빨간 분필로 문제를 적었습니다.

あの箱(はこ)の中(なか)には何(なに)が入(はい)っていますか。
저 상자 안에는 무엇이 들어 있습니까?

ここに判子(はんこ)を押(お)してください。
여기에 도장을 찍어주세요.

그 외에 펜촉은 ペン先(さき), 먹은 墨(すみ), 파일은 ファイル, 샤프는 シャープペン, 주사위는 さいころ, 책받침은 下敷(したじき), 박스는 段(だん)ボール이다.

기초동사 정리 9

困(こま)る 곤란하다	答(こた)える 대답하다
込(こ)む 혼잡하다	咲(さ)く(꽃이) 피다
壊(こわ)す 깨뜨리다	下(さ)げる 내리다
壊(こわ)れる 깨지다	さす(우산을) 쓰다
ご覧(らん)になる 보시다	差(さ)し上(あ)げる 드리다
探(さが)す 찾다	
下(さ)がる 내려가다	

店 가게

A

- みせ
- ほんや
- パンや
- スーパー
- はなや
- やっきょく
- デパート

B

- コンビニ
- くだものや
- やおや
- くつや
- にくや
- ケーキや
- おもちゃや

C

- かぐや
- ぶんぼうぐや
- ふどうさんや
- びようしつ
- レストラン
- きっさてん
- ビデオショップ

D

- クリーニングや
- コインランドリー
- せんとう
- ようひんてん
- カラオケ
- とこや
- ゲームセンター

1	みせ	店	가게
2	ほんや	本屋	서점
3	パンや	パン屋	빵집
4	スーパー	supermarket	슈퍼
5	はなや	花屋	꽃집
6	やっきょく	薬局	약국
7	デパート	department store	백화점
8	コンビニ	convenience store	편의점
9	くだものや	果物屋	과일가게
10	やおや	八百屋	야채가게
11	くつや	靴屋	신발가게
12	にくや	肉屋	정육점
13	ケーキや	cake屋	케이크가게
14	おもちゃや	玩具屋	완구점
15	かぐや	家具屋	가구점
16	ぶんぼうぐや	文房具屋	문방구
17	ふどうさんや	不動産屋	부동산
18	びようしつ	美容室	미용실
19	レストラン	restaurant	레스토랑
20	きっさてん	喫茶店	찻집
21	ビデオショップ	video shop	비디오가게
22	クリーニングや	cleaning屋	세탁소
23	コインランドリー	coin laundry	빨래방
24	せんとう	銭湯	목욕탕
25	ようひんてん	洋品店	양품점
26	カラオケ	karaoke(일)	노래방
27	とこや	床屋	이발소
28	ゲームセンター	game center	오락실

example

デパートの前(まえ)で三時(さんじ)に合(あ)うのはどうですか。
백화점 앞에서 3시에 만나는 것은 어떻습니까?

友達(ともだち)と本屋(ほんや)で待(ま)ち合(あ)わせをしました。
친구와 서점에서 만나기로 약속했습니다.

時間(じかん)もあるし、喫茶店(きっさてん)でお茶(おちゃ)でも飲(の)みましょうか。
시간도 있고 하니 찻집에서 차라도 마실까요?

彼女(かのじょ)は週(しゅう)に一回(いっかい)美容室(びようしつ)に行(い)きます。
그녀는 일주일에 한번 미용실에 갑니다.

日本人(にほんじん)はカラオケが好(す)きなようです。
일본인은 노래방을 좋아하는 것 같습니다.

- 酒屋(さかや)는 술만을 취급하여 파는 주류판매점이다.
- 집에 있는 목욕탕은 お風呂(ふろ)이고 대중 목욕탕은 銭湯(せんとう)라고 한다.
- 本屋(ほんや)는 책방으로 회화체적인 표현이고, 書店(しょてん)은 서점으로 문어체적인 표현이다.
- ドラッグストア 약국이지만 생활품도 싸게 파는 곳이다.
- 그 외에 상점은 商店(しょうてん), 술집은 酒場(さかば)나 飲(の)み屋(や), 주점은 居酒屋(いざかや), 포장마차는 屋台(やたい), 미용실은 美容院(びよういん), 보석점은 宝石店(ほうせきてん), 비디오대여점은 レンタルビデオショップ, 체인점은 チェーン店(てん), 쇼핑센터는 ショッピングセンター이다.

기초동사 정리 10

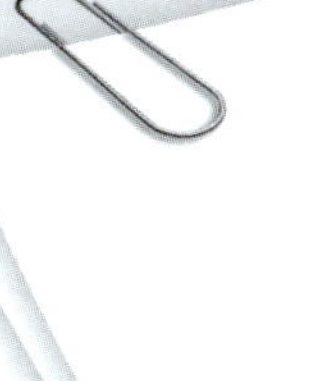

騒(さわ)ぐ 떠들다
触(さわ)る 만지다
叱(しか)る 혼내다
死(し)ぬ 죽다
閉(し)まる 닫히다
閉(し)める 닫다
締(し)める 매다
知(し)らせる 알리다
調(しら)べる 조사하다
知(し)る 알다
吸(す)う 피다
空(す)く 비다

chapter 3

인체와 감정

033 感情 감정

A

かんじょう
きぶん
こころ
かんどう
かんめい
かんたん
たのしみ

B

よろこび
わらい
あんしん
まんぞく
ゆかい
こどく
しんぱい

C

しつぼう
うたがい
ふあん
ふまん
しっと
ぞうお
にくしみ

D

ぜつぼう
なやみ
こうふん
きょうふ
こどく
きんちょう
どうじょう

1	かんじょう	感情	감정
2	きぶん	気分	기분
3	こころ	心	마음
4	かんどう	感動	감동
5	かんめい	感銘	감명
6	かんたん	感嘆	감탄
7	たのしみ	楽しみ	즐거움
8	よろこび	喜び	기쁨
9	わらい	笑い	웃음
10	あんしん	安心	안심
11	まんぞく	満足	만족
12	ゆかい	愉快	유쾌
13	こどく	孤独	고독
14	しんぱい	心配	걱정
15	しつぼう	失望	실망
16	うたがい	疑い	의심
17	ふあん	不安	불안
18	ふまん	不満	불만
19	しっと	嫉妬	질투
20	ぞうお	憎悪	증오
21	にくしみ	憎しみ	미움
22	ぜつぼう	絶望	절망
23	なやみ	悩み	고민
24	こうふん	興奮	흥분
25	きょうふ	恐怖	공포
26	こどく	孤独	고독
27	きんちょう	緊張	긴장
28	どうじょう	同情	동정

example

喜怒哀楽(きどあいらく)など人間(にんげん)の感情(かんじょう)は様々(さまざま)です。
희노애락 등 사람의 감정은 다양합니다.

彼(かれ)は見掛(みか)けによらず優(やさ)しい心(こころ)を持(も)っています。
그는 겉보기와 다르게 상냥한 마음씨를 가지고 있습니다.

またお会(あ)いできるのを楽(たの)しみにしています。
다시 뵐 수 있기를 기대하고 있습니다.

この製品(せいひん)に不満(ふまん)な点(てん)はありませんか。
이 제품에 불만인 점은 없습니까?

心(こころ)からお詫(わ)びいたします。
진심으로 사과드립니다.

- 気持(きも)ち는 안도, 상쾌, 혐오 등 추상적인 마음의 상태이고, 気分(きぶん)은 행복, 슬픔, 기쁨 등 분위기와 상황에 맞는 구체적인 마음의 상태이다.
- 感心(かんしん)은 감탄의 의미로 칭찬과 경탄의 감정이고, 感動(かんどう)는 감동의 의미로 공감과 감화이다.
- 그 외에 기쁘다는 嬉(うれ)しい, 즐겁다는 楽(たの)しい, 슬프다는 悲(かな)しい, 창피하다는 恥(は)ずかしい, 화내다는 怒(おこ)る이다.

기초동사 정리 11

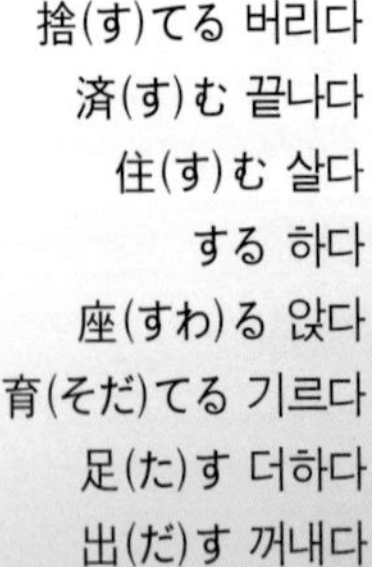

捨(す)てる 버리다
済(す)む 끝나다
住(す)む 살다
する 하다
座(すわ)る 앉다
育(そだ)てる 기르다
足(た)す 더하다
出(だ)す 꺼내다
訪(たず)ねる 방문하다
尋(たず)ねる 묻다
滑(すべ)る 미끄러지다
倒(たお)れる 넘어지다

性格 성격

A

せいかく
せいしつ
ひとがら
たいど
しゅうかん
きしょう
こんじょう

B

このみ
ちょうしょ
たんしょ
けってん
じゃくてん
しんせつ
やさしさ

C

くせ
よくばり
わんぱく
うそつき
なまけもの
なきむし
いじわる

D

まじめだ
しんせつだ
がまんづよい
つめたい
れいぎただしい
せっきょくてきだ
しょうきょくてきだ

1	せいかく	性格	성격
2	せいしつ	性質	성질
3	ひとがら	人柄	인품
4	たいど	態度	태도
5	しゅうかん	習慣	습관
6	きしょう	気性	성미
7	こんじょう	根性	근성
8	このみ	好み	취향
9	ちょうしょ	長所	장점
10	たんしょ	短所	단점
11	けってん	欠点	결점
12	じゃくてん	弱点	약점
13	しんせつ	親切	친절
14	やさしさ	優しさ	상냥함
15	くせ	癖	버릇
16	よくばり	欲張り	욕심쟁이
17	わんぱく		개구쟁이
18	うそつき	嘘つき	거짓말쟁이
19	なまけもの	怠け者	게으름뱅이
20	なきむし	泣き虫	울보
21	いじわる	意地悪	심술쟁이
22	まじめだ	真面目だ	성실하다
23	しんせつだ	親切だ	친절하다
24	がまんづよい	我慢強い	참을성있다
25	つめたい	冷たい	차갑다
26	れいぎただしい	礼儀正しい	예의바르다
27	せっきょくてきだ	積極的だ	적극적이다
28	しょうきょくてきだ	消極的だ	소극적이다

example

好(この)みのスタイルはどんな感(かん)じですか。
취향에 맞는 스타일은 어떤 느낌입니까?

あなたの長所(ちょうしょ)と短所(たんしょ)は何(なん)だと思(おも)いますか。
당신의 장점은 무엇이라고 생각합니까?

先生(せんせい)の性格(せいかく)は、優(やさ)しくて穏(おだ)やかです。
선생님의 성격은 상냥하고 온화합니다.

本当(ほんとう)に反省(はんせい)しているのなら態度(たいど)で示(しめ)してください。
정말로 반성하고 있다면 태도로 보여 주세요.

- 성격이 좋다는 性格(せいかく)がいい 나쁘다는 悪(わる)い, 됨됨이가 좋다는 人柄(ひとがら)がいい 나쁘다는 悪(わる)い, 인간성이 좋다는 **キャラクターがいい**, 나쁘다는 悪(わる)い이다.
- 怖(こわ)がり는 무서움을 잘 타는 사람이고, 臆病(おくびょう)는 겁이 많은 사람이다.

기초동사 정리 12

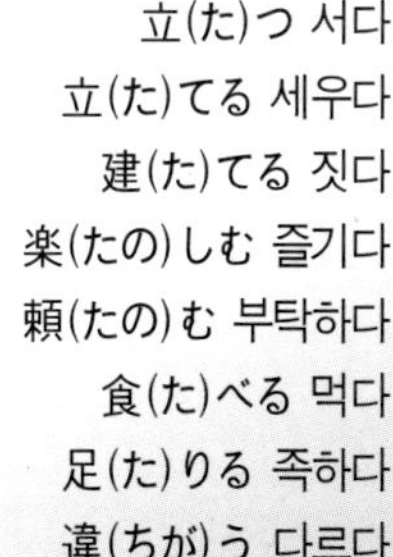

立(た)つ 서다
立(た)てる 세우다
建(た)てる 짓다
楽(たの)しむ 즐기다
頼(たの)む 부탁하다
食(た)べる 먹다
足(た)りる 족하다
違(ちが)う 다르다
使(つか)う 사용하다
捕(つか)まえる 붙잡다
疲(つか)れる 피곤하다
着(つ)く 도착하다

035 体 신체

A

あたま
て
あし
うで
かた
くび
のう

B

おなか
はら
しり
せなか
むね
こし
ひざ

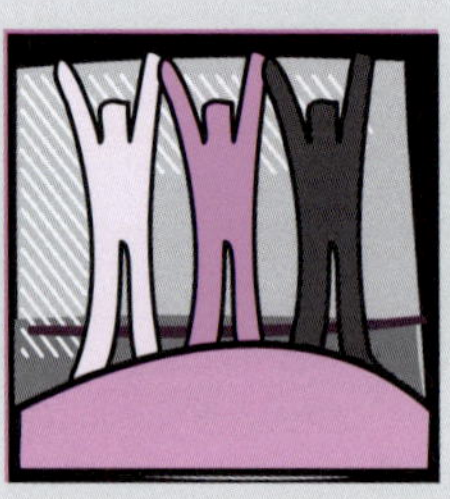

C

ひじ
へそ
ゆび
ふともも
つめ
てくび
あしくび

D

のど
かかと
すね
ちぶさ
ちくび
こぶし
あばらぼね

1	あたま	頭	머리
2	て	手	손
3	あし	足	다리(발)
4	うで	腕	팔
5	かた	肩	어깨
6	くび	首	목
7	のう	脳	뇌
8	おなか	お腹	배
9	はら	腹	배
10	しり	尻	엉덩이
11	せなか	背中	등
12	むね	胸	가슴
13	こし	腰	허리
14	ひざ	膝	무릎
15	ひじ	肘	팔꿈치
16	へそ		배꼽
17	ゆび	指	손가락
18	ふともも	太股	넓적다리
19	つめ	爪	손톱
20	てくび	手首	손목
21	あしくび	足首	발목
22	のど	喉	목구멍
23	かかと	踵	발꿈치
24	すね	脛	정강이
25	ちぶさ	乳房	유방
26	ちくび	乳首	젖꼭지
27	こぶし		주먹
28	あばらぼね	あばら骨	갈비뼈

頭痛(ずつう)がするので薬(くすり)を飲(の)んで安静(あんせい)にしていました。
두통이 나서 약을 먹고 안정을 취했습니다.

背中(せなか)に深(ふか)い傷(きず)を受(う)けました。
등에 깊은 상처를 입었습니다.

公園(こうえん)を散歩(さんぽ)するときは一緒(いっしょ)に腕(うで)を組(く)みましょう。
공원을 산책할 때는 함께 팔짱을 낍시다.

母(はは)は何(なに)をするでも腰(こし)が重(おも)いです。
어머니는 무엇을 하더라도 수다스럽습니다.

喉(のど)の風邪(かぜ)を引(ひ)いたので薬(くすり)を飲(の)みました。
목감기에 걸려서 약을 먹었습니다.

example

- 엄지손가락은 親指(おやゆび), 둘째손가락은 人指(ひとさ)し指(ゆび), 가운뎃손가락은 中指(なかゆび), 약지는 薬指(くすりゆび), 새끼손가락은 小指(こゆび)이다.
- 손가락은 指(ゆび)이고, 발가락은 足(あし)の指(ゆび)이다.
- 그 외에 목덜미는 うなじ, 자궁은 子宮(しきゅう), 손바닥은 手(て)のひら, 종아리는 ふくらはぎ이다.

기초동사 정리 13

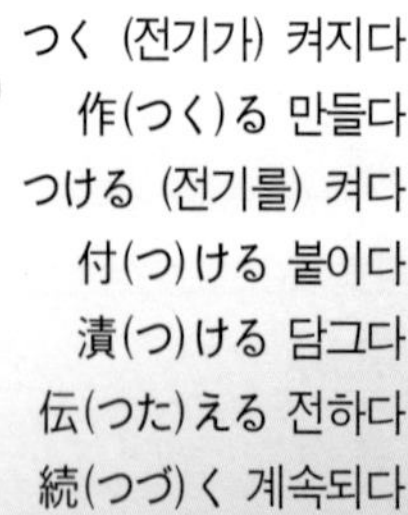

つく (전기가) 켜지다
作(つく)る 만들다
つける (전기를) 켜다
付(つ)ける 붙이다
漬(つ)ける 담그다
伝(つた)える 전하다
続(つづ)く 계속되다
続(つづ)ける 계속하다
包(つつ)む 포장하다
勤(つと)める 근무하다
釣(つ)る 낚다
連(つ)れる 데리고가다

人体 인체

036

A

じんたい
にく
ち
あせ
ほね
きんにく
けつえき

B

しんけい
すじ
ひふ
はだ
い
しんぞう
かんぞう

C

はい
じんぞう
ちょう
しょうちょう
だいちょう
すいぞう
たんのう

D

もうちょう
じゅうにしちょう
つば
けっかん
たん
いき
ちち

1	じんたい	人体	인체
2	にく	肉	살
3	ち	血	피
4	あせ	汗	땀
5	ほね	骨	뼈
6	きんにく	筋肉	근육
7	けつえき	血液	혈액
8	しんけい	神経	신경
9	すじ	筋	힘줄
10	ひふ	皮膚	피부
11	はだ	肌	살결
12	い	胃	위
13	しんぞう	心臓	심장
14	かんぞう	肝臓	간장
15	はい	肺	폐
16	じんぞう	腎臓	신장
17	ちょう	腸	장
18	しょうちょう	小腸	소장
19	だいちょう	大腸	대장
20	すいぞう	すい臓	췌장
21	たんのう	胆のう	담낭
22	もうちょう	盲腸	맹장
23	じゅうにしちょう	十二指腸	십이지장
24	つば	唾	침
25	けっかん	血管	혈관
26	たん		가래
27	いき	息	숨
28	ちち	乳	젖

example

毎日(まいにち)の運動(うんどう)で筋肉(きんにく)がつきました。
매일 운동을 해서 근육이 붙었습니다.

お肌(はだ)がつるつるしていていいです。
피부가 매끈거려 좋습니다.

心臓(しんぞう)の手術(しゅじゅつ)を受(う)けようと思(おも)います。
심장수술을 받으려고 합니다.

送別会(そうべつかい)で思(おも)わず涙(なみだ)が出(で)てしまいました。
송별회에서 엉겁결에 눈물이 나와 버렸습니다.

そのラストシーンは息(いき)が詰(つ)まるような感動(かんどう)でした。
그 마지막 장면은 숨이 막힐 듯한 감동이었습니다.

- 방귀를 뀌다는 おならする, 코를 골다는 いびきをかく이다.
- 그 외에 눈물은 涙(なみだ), 콧물은 鼻水(はなみず), 하품은 あくび, 재채기는 くしゃみ, 젖은 おっぱい이다.

기초동사 정리 14

出(で)かける 외출하다
できる 할 수 있다
出来(でき)る 생기다
手伝(てつだ)う 돕다
出(で)る 나가다
通(とお)る 통과하다
届(とど)ける 가 닿게하다
飛(と)ぶ 날다
止(と)まる 서다
泊(と)まる 묵다
止(と)める 세우다
取(と)り替(か)える교환하다

037 顔 얼굴

A

かお
かおいろ
め
はな
くち
みみ
ほお

B

ひたい
あご
くちびる
まゆ
まゆげ
まつげ
かみのけ

C

は
はぐき
した
ひげ
まぶた
ふたえまぶた
ひとえ

D

えくぼ
そばかす
にきび
しわ
みみあか
めやに
よこがお

1	かお	顔	얼굴
2	かおいろ	顔色	안색
3	め	目	눈
4	はな	鼻	코
5	くち	口	입
6	みみ	耳	귀
7	ほお	頬	볼
8	ひたい	額	이마
9	あご	顎	턱
10	くちびる	唇	입술
11	まゆ	眉	눈썹
12	まゆげ	眉毛	눈썹
13	まつげ		속눈썹
14	かみのけ	髪の毛	머리카락
15	は	歯	이
16	はぐき	歯茎	잇몸
17	した	舌	혀
18	ひげ	髭	수염
19	まぶた	瞼	눈꺼풀
20	ふたえまぶた	二重瞼	쌍꺼풀
21	ひとえ	一重	홑꺼풀
22	えくぼ		보조개
23	そばかす		주근깨
24	にきび		여드름
25	しわ		주름
26	みみあか	耳垢	귓밥
27	めやに	目脂	눈곱
28	よこがお	横顔	옆얼굴

example

どうしたんですか。顔色(かおいろ)が悪(わる)いですよ。
무슨 일입니까? 안색이 안 좋습니다.

歯(は)が痛(いた)くなったので、病院(びょういん)へ行(い)きました。
이가 아파져서 병원에 갔습니다.

寒(さむ)さで頬(ほお)が赤(あか)くなりました。
추위에 볼이 빨갛게 되었습니다.

彼(かれ)の横顔(よこがお)を何度(なんど)もちらっと見(み)ました。
그의 옆얼굴을 몇 번이나 잠깐 봤습니다.

これはにきびを防(ふせ)ぐ化粧品(けしょうひん)です。
이것은 여드름을 방지하는 화장품입니다.

- 앞니는 前歯(まえば), 어금니는 奥歯(おくば), 덧니는 糸切(いとき)り歯(ば), 충치는 虫歯(むしば)이다.
- 眉(まゆ)는 눈썹 부위를 말하고 眉毛(まゆげ)는 눈썹 자체를 의미한다.
- 그 외에 백발은 白髪(しらが), 은발은 銀髪(ぎんぱつ), 새치는 若白髪(わかしらが), 대머리는 はげ, 코딱지는 鼻糞(はなくそ), 점은 ほくろ, 기미는 しみ이다.

기초동사 정리 15

取(と)る 잡다
直(なお)す 고치다
直(なお)る 낫다
治(なお)る 치료하다
鳴(な)く 울다
無(な)くす 없애다
無(な)くなる 없어지다
亡(な)くなる 돌아가시다
投(な)げる 던지다
なさる 하시다
習(なら)う 배우다
撮(と)る (사진을)찍다

成長 성장

A

せいちょう
たいじ
あかちゃん
あかんぼう
じどう
ようじ
こども

B

こどもたち
おとこ
おんな
おとこのこ
おんなのこ
おとこのひと
おんなのひと

C

だんし
じょし
だんせい
じょせい
しょうねん
しょうじょ
わかもの

D

せいしゅん
せいねん
おとな
せいじん
としより
せいしょうねん
みせいねんしゃ

1	せいちょう	成長	성장
2	たいじ	胎児	태아
3	あかちゃん	赤ちゃん	갓난아기
4	あかんぼう	赤ん坊	갓난아기
5	じどう	児童	아동
6	ようじ	幼児	유아
7	こども	子供	어린이
8	こどもたち	子供たち	아이들
9	おとこ	男	남자
10	おんな	女	여자
11	おとこのこ	男の子	남자아이
12	おんなのこ	女の子	여자아이
13	おとこのひと	男の人	남자
14	おんなのひと	女の人	여자
15	だんし	男子	남자
16	じょし	女子	여자
17	だんせい	男性	남성
18	じょせい	女性	여성
19	しょうねん	少年	소년
20	しょうじょ	少女	소녀
21	わかもの	若者	젊은이
22	せいしゅん	青春	청춘
23	せいねん	青年	청년
24	おとな	大人	어른
25	せいじん	成人	성인
26	としより	年寄り	노인
27	せいしょうねん	青少年	청소년
28	みせいねんしゃ	未成年者	미성년자

example

子供(こども)は子供(こども)らしく自由(じゆう)に行動(こうどう)するべきだ。
아이는 아이답게 자유롭게 행동해야만 한다.

家(うち)の子供(こども)は今年(ことし)小学生(しょうがくせい)になります。
우리 아이는 올해 초등학생이 됩니다.

大学院(だいがくいん)の博士課程(はかせかてい)に入(はい)りました。
대학원 박사과정에 들어갔습니다.

赤(あか)ちゃんを持(も)つお母(かあ)さんは忙(いそが)しいです。
갓난아이를 둔 아기엄마는 바쁩니다.

まだ未成年者(みせいねんしゃ)だから今回(こんかい)は許(ゆる)しましょう。
아직 미성년자이니 이번은 용서합시다.

- 赤(あか)ん坊(ぼう)보다는 赤(あか)ちゃん이 스스럼없는 표현이다.
- 児童(じどう)는 초등학생, 生徒(せいと)는 중고생, 学生(がくせい)는 대학생 이상이다.
- 노인의 의미인 年寄(としよ)り는 회화체이고, 老人(ろうじん)은 문어체로 주로 남자노인을 가리킨다.
- 유년시절은 少年時代(しょうねんじだい), 사춘기는 思春期(ししゅんき), 청년시절은 青年時代(せいねんじだい), 대학시절은 大学時代(だいがくじだい)이다.

기초동사 정리 16

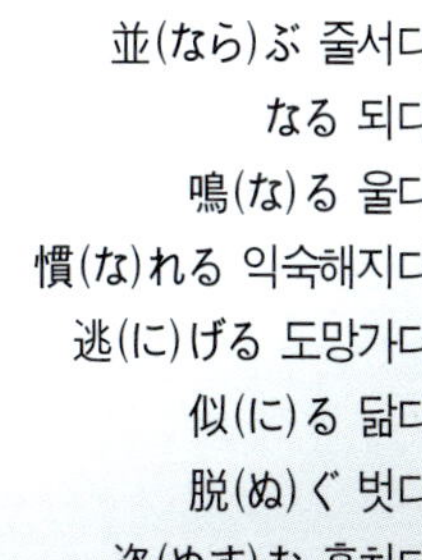

並(なら)ぶ 줄서다
なる 되다
鳴(な)る 울다
慣(な)れる 익숙해지다
逃(に)げる 도망가다
似(に)る 닮다
脱(ぬ)ぐ 벗다
盗(ぬす)む 훔치다
塗(ぬ)る 칠하다
濡(ぬ)れる 젖다
眠(ねむ)る 자다
並(なら)べる 나란히 세우다

chapter 4

식물과 동물

039 穀物 곡물

A

こくもつ
こめ
むぎ
こむぎ
とうもろこし
あわ
ひえ

B

まめ
だいず
あずき
ごま
えごま
そらまめ
らっかせい

C

ピーナッツ
りょくとう
えんどう
いんげんまめ
げんまい
いね
もちごめ

D

はくまい
げんまい
はとむぎ
きび
そば

1	こくもつ	穀物	곡물
2	こめ	米	쌀
3	むぎ	麦	보리
4	こむぎ	小麦	밀
5	とうもろこし		옥수수
6	あわ	粟	조
7	ひえ		피
8	まめ	豆	콩
9	だいず	大豆	대두
10	あずき	小豆	팥
11	ごま	胡麻	참깨
12	えごま	荏胡麻	들깨
13	そらまめ	蚕豆	마마콩
14	らっかせい	落花生	땅콩
15	ピーナッツ	peanut	땅콩
16	りょくとう	緑豆	녹두
17	えんどう	豌豆	완두
18	いんげんまめ	いんげん豆	강낭콩
19	げんまい	玄米	현미
20	いね	稲	벼
21	もちごめ	餅米	찹쌀
22	はくまい	白米	백미
23	はとむぎ	鳩麦	율무
24	きび		기장
25	そば	蕎麦	메밀
26			
27			
28			

example

小麦(こむぎ)、米(こめ)、とうもろこしは、世界(せかい)3代(だい)穀物(こくもつ)です。
밀, 쌀, 옥수수는 세계 3대 곡식입니다.

米(こめ)、麦(むぎ)、粟(あわ)、豆(まめ)、稗(ひえ)の5つを五穀(ごこく)といいます。
쌀, 보리, 조, 콩, 다섯 개를 오곡이라고 합니다.

豆腐(とうふ)は大豆(だいず)から作(つく)るので、体(からだ)に良(よ)さそうですね。
두부는 콩으로 만들어서 몸에 좋을 것 같군요.

最後(さいご)に、ごまをかければ料理(りょうり)の完成(かんせい)です。
마지막으로 깨를 뿌리면 음식이 완성입니다.

白米(はくまい)よりも玄米(げんまい)を食(た)べることがブームですか。
백미보다도 현미를 먹는 것이 유행입니까?

- 백미는 白米(はくまい), 죽은 おかゆ, 팥밥은 赤飯(あかめし), 누룽지는 おこげ이다.
- 밥을 짓다는 ご飯(はん)を炊(た)く, 밥을 푸다는 ご飯(はん)を注(つ)ぐ, 수확하다는 収穫(しゅうかく)する이다.

기초동사 정리 17

寝(ね)る 자다
残(のこ)る 남다
登(のぼ)る 오르다
飲(の)む 마시다
乗(の)り換(か)える 바꿔 타다
乗(の)る 타다
履(は)く 신다
入(はい)る 들어가다
運(はこ)ぶ 옮기다
始(はじ)まる 시작되다
始(はじ)める 시작하다
走(はし)る 달리다

植物 식물

040

A

- しょくぶつ
- き
- は
- はな
- つぼみ
- えだ
- たね

B

- み
- ね
- かわ
- もみじ
- こうよう
- おちば
- かれは

C

- なえ
- きのくき
- このは
- こけ
- まつのき
- たけ
- さくらのき

D

- うめのき
- やなぎのき
- いちょうのき
- けやきのき
- すぎのき
- くりのき
- くわのき

1	しょくぶつ	植物	식물
2	き	木	나무
3	は	葉	잎
4	はな	花	꽃
5	つぼみ		꽃봉오리
6	えだ	枝	가지
7	たね	種	씨
8	み	実	열매
9	ね	根	뿌리
10	かわ	皮	껍질
11	もみじ	紅葉	단풍
12	こうよう	紅葉	단풍
13	おちば	落ち葉	낙엽
14	かれは	枯葉	고엽
15	なえ	苗	모종
16	きのくき	木の茎	줄기
17	このは	木の葉	나뭇잎
18	こけ		이끼
19	まつのき	松の木	소나무
20	たけ	竹	대나무
21	さくらのき	桜の木	벚나무
22	うめのき	梅の木	매화나무
23	やなぎのき	柳の木	버드나무
24	いちょうのき	いちょうの木	은행나무
25	けやきのき	けやきの木	느티나무
26	すぎのき	杉の木	삼나무
27	くりのき	栗の木	밤나무
28	くわのき	桑の木	뽕나무

example

ここが都内(とない)でも有名(ゆうめい)な杉(すぎ)並木(なみき)だ。
이곳이 도시에서도 유명한 삼나무 가로수다.

木(き)の枝(えだ)に葉(は)が幾(いく)つか残(のこ)っています。
나뭇가지에 잎이 몇 갠가 남아 있습니다.

いちょうの実(み)は銀杏(ぎんなん)といって、食(たべ)られます。
은행의 열매는 '긴난'이라고 하고 먹을 수 있습니다.

地球(ちきゅう)には植物(しょくぶつ)が8割(わり)占(し)めている。
지구에는 식물이 80퍼센트 차지하고 있다.

上野公園(うえのこうえん)へ花見(はなみ)に行(い)きましょう。
우에노공원으로 (벚)꽃구경하러 갑시다.

- 나무를 심다는 木(き)を植(う)える 베다는 切(き)る, 나무가 자라다는 木(き)が生(は)える, 죽다는 枯(か)れる이다.
- 그 외에 목화는 綿(わた)の木(き), 등나무는 藤(ふじ), 삼은 麻(あさ), 플라타너스는 プラタナス, 미루나무는 ポプラ, 목련은 木蓮(もくれん), 단풍나무는 楓(かえで), 떡갈나무는 柏(かしわ), 모란은 牡丹(ぼたん), 관엽식물은 観葉植物(かんようしょくぶつ), 가로수는 並木(なみき)이다.

기초동사 정리 18

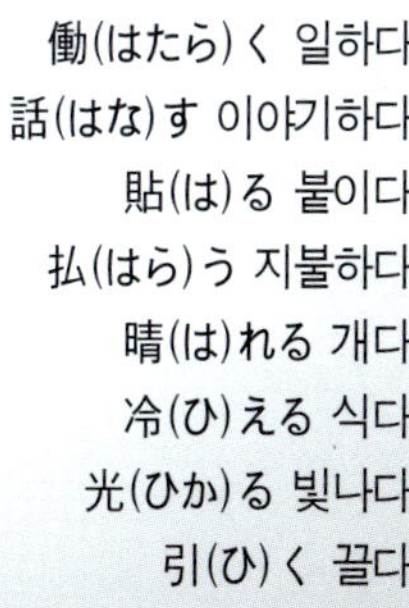

働(はたら)く 일하다
話(はな)す 이야기하다
貼(は)る 붙이다
払(はら)う 지불하다
晴(は)れる 개다
冷(ひ)える 식다
光(ひか)る 빛나다
引(ひ)く 끌다
弾(ひ)く (악기 등을)켜다
引(ひ)っ越(こ)す 이사하다
開(ひら)く 열다
拾(ひろ)う 줍다

041 花 꽃

A

はな
ばら
ゆり
ひまわり
チューリップ
カーネーション
つつじ

B

さくら
きく
れんぎょう
コスモス
むくげ
らん
たんぽぽ

C

あじさい
すいせん
サボテン
すすき
あし
はなびら
つぼみ

D

たね
かおり
くさ
くさのくき
かびん
はなみ
かふん

1	はな	花	꽃
2	ばら		장미
3	ゆり		백합
4	ひまわり		해바라기
5	チューリップ	tulip	튜울립
6	カーネーション	carnation	카네이션
7	つつじ		진달래
8	さくら	桜	벚꽃
9	きく	菊	국화
10	れんぎょう		개나리
11	コスモス	cosmos	코스모스
12	むくげ		무궁화
13	らん	蘭	난
14	たんぽぽ		민들레
15	あじさい	紫陽花	수국
16	すいせん		수선화
17	サボテン	sapoten(스)	선인장
18	すすき		억새
19	あし		갈대
20	はなびら	花びら	꽃잎
21	つぼみ		꽃봉오리
22	たね	種	씨
23	かおり	香り	향기
24	くさ	草	풀
25	くさのくき	草の茎	줄기
26	かびん	花瓶	꽃병
27	はなみ	花見	꽃구경
28	かふん	花粉	꽃가루

example

春(はる)になると、街(まち)のあちこちに花(はな)が咲(さ)きます。
봄이 되면, 거리 여기저기에 꽃이 핍니다.

私(わたし)の好(す)きな花(はな)は、ゆりとばらです。
내가 좋아하는 꽃은 백합과 장미입니다.

たんぽぽの綿毛(わたげ)が空(そら)を飛(と)んでいます。
민들레 씨앗이 하늘을 날고 있습니다.

誕生日(たんじょうび)プレゼントにサボテンをあげようと思(おも)います。
생일선물로 선인장을 주려고 합니다.

このごろ花粉症(かふんしょう)がはやっているので、マスクを使(つか)いましょう。
요즈음 꽃가루알레르기가 유행하니 마스크를 씁시다.

- 꽃이 피다는 花(はな)が咲(さ)く, 꽃이 지다는 花(はな)が散(ち)る, 꽃을 따다는 花(はな)を摘(つ)む, 꽃을 가꾸다는 花(はな)を育(そだ)てる이다.
- 화분은 植木鉢(うえきばち), 화단은 花壇(かだん), 꽃밭은 花畑(はなばたけ), 물뿌리개는 じょうろ, 삽은 シャベル나 スコップ, 부케는 ブーケ이다.

기초동사 정리 19

増(ふ)える 늘다
吹(ふ)く 불다
太(ふと)る 살찌다
踏(ふ)む 밟다
降(ふ)る 내리다
誉(ほ)める 칭찬하다
参(まい)る
가다, 오다(겸양어)
曲(ま)がる 굽다
負(ま)ける 지다
間違(まちが)える 틀리다
待(ま)つ 기다리다
回(まわ)る 돌다

果物 과일

A

くだもの
りんご
みかん
もも
バナナ
メロン
オレンジ

B

いちご
スイカ
ぶどう
うり
なし
かき
キウイ

C

グレープフルーツ
パイナップル
レモン
さくらんぼ
すもも
あんず
いちじく

D

やし
ざくろ
くり
なつめ
くるみ
ゆず

1	くだもの	果物	과일
2	りんご		사과
3	みかん	蜜柑	귤
4	もも	桃	복숭아
5	バナナ	banana	바나나
6	メロン	melon	멜론
7	オレンジ	orange	오렌지
8	いちご	苺	딸기
9	スイカ	西瓜	수박
10	ぶどう	葡萄	포도
11	うり		참외
12	なし	梨	배
13	かき	柿	감
14	キウイ	kiwi	키위
15	グレープフルーツ	grapefruit	자몽
16	パイナップル	pineapple	파인애플
17	レモン	lemon	레몬
18	さくらんぼ	桜桃	버찌
19	すもも		자두
20	あんず	杏子	살구
21	いちじく	無花果	무화과
22	やし	椰子	야자
23	ざくろ	柘榴	석류
24	くり	栗	밤
25	なつめ		대추
26	くるみ		호도
27	ゆず	柚子	유자
28			

example

毎朝(まいあさ)朝食(ちょうしょく)の代(かわ)りに果物(くだもの)を食(た)べている。
매일아침 아침 대신으로 과일을 먹고 있다.

蜜柑(みかん)はすっぱくて、オレンジは甘(あま)いです。
귤은 시고, 오렌지는 답니다.

キウイとバナナはマレーシアからの輸入品(ゆにゅうひん)です。
키위와 바나나는 말레이시아로부터 수입하는 수입품입니다.

ナイフで柿(かき)の皮(かわ)を剥(む)く時(とき)は気(き)をつけてね。
칼로 감 껍질을 벗길 때 주의해요.

大(おお)きな栗(くり)の木(き)の下(した)で遊(あそ)びました。
커다란 밤나무 아래에서 놀았습니다.

- 열매는 実(み), 꼭지는 ヘタ이다.
- 건포도는 干(ほ)しぶどう, 곶감은 干(ほ)し柿(かき)이다.
- 열매가 열리다는 実(み)が実(みの)る, 열매를 맺다는 実(み)を結(むす)ぶ, 껍질을 벗기다는 皮(かわ)をむく, 잘 익다는 熟(じゅく)している이다.
- 그 외에 라즈베리는 **ラズベリー**, 블루베리는 **ブルーベリー**, 라임은 **ライム**, 모과는 **カリン**, 아보카도는 **アボカド**, 파파야는 **パパイヤ**, 망고는 **マンゴー**, 코코넛은 **ココナツ**, 구아바는 **グアバ**이다.

기초동사 정리 20

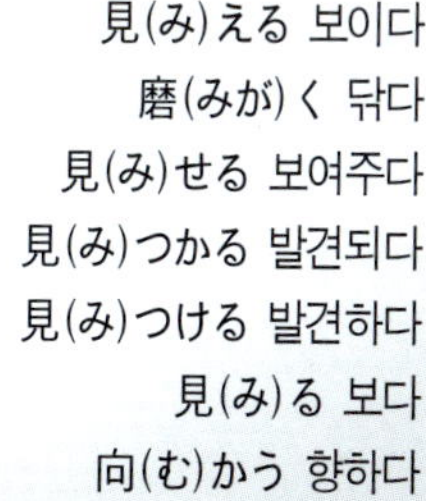

見(み)える 보이다
磨(みが)く 닦다
見(み)せる 보여주다
見(み)つかる 발견되다
見(み)つける 발견하다
見(み)る 보다
向(む)かう 향하다
迎(むか)える 맞이하다
召(め)し上(あ)がる 드시다
申(もう)し上(あ)げる 말씀드리다
申(もう)す 말하다(겸양)
持(も)つ 가지다

043 野菜1 야채1

A

やさい
きゅうり
だいこん
じゃがいも
はくさい
ねぎ
たまねぎ

B

キャベツ
さつまいも
かぼちゃ
ほうれんそう
にんにく
セロリ
にんじん

C

なす
ピーマン
しょうが
いも
せり
ごぼう
こうらいにんじん

D

レタス
パセリ
もやし
トマト
れんこん
アスパラガス

1	やさい	野菜	야채
2	きゅうり		오이
3	だいこん	大根	무
4	じゃがいも	じゃが芋	감자
5	はくさい	白菜	배추
6	ねぎ		파
7	たまねぎ	玉ねぎ	양파
8	キャベツ	cabbage	양배추
9	さつまいも	さつま芋	고구마
10	かぼちゃ		호박
11	ほうれんそう	ほうれん草	시금치
12	にんにく		마늘
13	セロリ	celery	셀러리
14	にんじん		당근
15	なす		가지
16	ピーマン	piment(프)	피망
17	しょうが	生姜	생강
18	いも	芋	감자 토란류
19	せり		미나리
20	ごぼう		우엉
21	こうらいにんじん	高麗人参	인삼
22	レタス	lettuce	양상추
23	パセリ	parsley	파슬리
24	もやし		콩나물
25	トマト	tomato	토마토
26	れんこん	蓮根	연근
27	アスパラガス	asparagus	아스파라거스
28			

example

白菜(はくさい)を洗(あ)ってから軽(かる)く茹(ゆ)でておいてください。
배추를 씻고 나서 살짝 삶아두세요.

それから野菜(やさい)を炒(いた)めますが、炒(いた)めすぎないように。
그리고 나서 야채를 볶습니다만 너무 볶지 않도록.

塩(しお)を入(い)れて白菜(はくさい)と大根(だいこん)を漬(つ)けます。
소금을 넣어 배추와 무를 절입니다.

にんにくと玉(たま)ねぎは微塵切(みじんぎ)りにしてください。
마늘과 양파는 다져주세요.

しょうがはそのまま食(た)べると辛(から)いです。
생강은 그대로 먹으면 맵습니다.

- 야채를 씻다는 野菜(やさい)を洗(あら)う, 야채를 다듬다는 野菜(やさい)をきれいにする, 껍질은 벗기다는 皮(かわ)を剥(む)く이다.
- 잘게 자르다는 細(こま)かく切(き)る, 작게 썰다는 小(ちい)さく切(き)る, 다지다는 みじん切(ぎ)りにする, 채를 썰다는 千切(せんぎ)りにする이다.

기초동사 정리 21

戻(もど)る 되돌리다
もらう 받다
焼(や)く 굽다
焼(や)ける 타다
やせる 마르다
休(やす)む 쉬다
止(や)む 그치다
止(や)める 멈추다
やる 주다
やる 하다
揺(ゆ)れる 흔들리다
汚(よご)れる 더러워지다

野菜2 야채2

A

よもぎ
にら
たけのこ
きのこ
まつたけ
しいたけ
ひらたけ
きくらげ

B

ブロッコリー
マッシュルーム
しそ
ちしゃ
かぶ
きくな
しゅんぎく

C

からしな
あぶらな
うど
ふき
やまいも
さといも
カイワレだいこん

D

チンゲンさい
アロエ
ききょうのね
ぜんまい
くず
きび

1	よもぎ	蓬	쑥
2	にら	韮	부추
3	たけのこ	竹の子	죽순
4	きのこ	茸	버섯
5	まつたけ	松茸	송이버섯
6	しいたけ	椎茸	표고버섯
7	ひらたけ		느타리버섯
8	きくらげ	木耳	목이버섯
9	ブロッコリー	broccoli	브로콜리
10	マッシュルーム	mushroom	양송이
11	しそ	紫蘇	차조기
12	ちしゃ		상추
13	かぶ		순무
14	きくな	菊菜	쑥갓
15	しゅんぎく	春菊	쑥갓
16	からしな	芥子菜	갓
17	あぶらな	油菜	유채
18	うど		두릅
19	ふき		머위
20	やまいも	山芋	마
21	さといも	里芋	토란
22	カイワレだいこん	カイワレ大根	무순
23	チンゲンさい	チンゲン菜	청경채
24	アロエ	aloe	알로에
25	ききょうのね	ききょうの根	도라지
26	ぜんまい		고비
27	くず	葛	칡
28	きび		기장

example

松茸(まつたけ)を頂(いただ)いたから、松茸(まつたけ)ごはんにしよう。
송이버섯을 받았으니 송이버섯밥을 만들자.

筍(たけのこ)を茹(ゆ)でながら、椎茸(しいたけ)を炒(いた)めて。
죽순을 삶으면서 표고버섯을 볶아요.

茸(きのこ)は体(からだ)にいい食品(しょくひん)だから、たくさん食(た)べましょう。
버섯은 몸에 좋은 식품입니다.

おろした山芋(やまいも)を蕎麦(そば)にのせて食(た)べるとおいしいですよ。
간 마를 메밀국수에 얹어 먹으면 맛있습니다.

にらのキムチを作(つく)りました。
부추김치를 만들었습니다.

■ 새송이버섯은 **エリンギ**, 팽나무버섯은 **エノキダケ**, 맛버섯은 **ナメコ**이다.

기초동사 정리 22

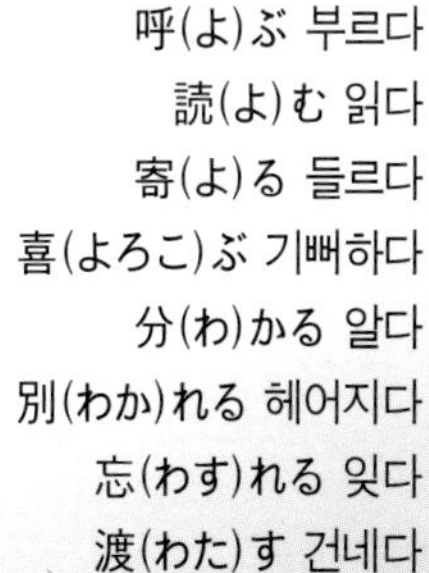

呼(よ)ぶ 부르다
読(よ)む 읽다
寄(よ)る 들르다
喜(よろこ)ぶ 기뻐하다
分(わ)かる 알다
別(わか)れる 헤어지다
忘(わす)れる 잊다
渡(わた)す 건네다
渡(わた)る 건너다
笑(わら)う 웃다
割(わ)れる 깨지다

045 動物 동물

A

どうぶつ
いぬ
ねこ
うし
うま
ぶた
くま

B

ぞう
うさぎ
さる
ねずみ
しか
ひつじ
とら

C

やぎ
しし
ライオン
いのしし
ゴリラ
らくだ
たぬき

D

きつね
おおかみ
コアラ
キリン
パンダ
りす
ペット

1	どうぶつ	動物	동물
2	いぬ	犬	개
3	ねこ	猫	고양이
4	うし	牛	소
5	うま	馬	말
6	ぶた	豚	돼지
7	くま	熊	곰
8	ぞう	象	코끼리
9	うさぎ	兎	토끼
10	さる	猿	원숭이
11	ねずみ	鼠	쥐
12	しか	鹿	사슴
13	ひつじ	羊	양
14	とら	虎	호랑이
15	やぎ	山羊	염소
16	しし	獅子	사자
17	ライオン	lion	사자
18	いのしし		멧돼지
19	ゴリラ	gorilla	고릴라
20	らくだ		낙타
21	たぬき	狸	너구리
22	きつね	狐	여우
23	おおかみ	狼	이리
24	コアラ	koala	코알라
25	キリン	giraffe	기린
26	パンダ	panda	팬더
27	りす		다람쥐
28	ペット	pet	애완동물

example

家(うち)で犬(いぬ)を飼(か)おうかと思(おも)っています。
집에서 개를 기를까 생각합니다.

動物(どうぶつ)の中(なか)では、特(とく)に猫(ねこ)が好(す)きなようです。
동물 중에서는 특히 고양이를 좋아하는 것 같습니다.

競馬場(けいばじょう)で馬(うま)が餌(えさ)を食(た)べているのを見(み)ました。
경마장에서 말이 먹이를 먹고 있는 것을 봤습니다.

猿(さる)は人間(にんげん)に一番(いちばん)似(に)ている動物(どうぶつ)です。
원숭이는 사람과 가장 닮은 동물입니다.

私(わたし)は鼠(ねずみ)が大嫌(だいきら)いです。
나는 쥐가 너무나 싫습니다.

- 수컷은 雄(おす)이고 암컷은 雌(めす)이다.
- 강아지는 子犬(こいぬ), 새끼고양이는 子猫(こねこ), 송아지는 子牛(こうし), 망아지는 子馬(こうま), 어린양은 子羊(こひつじ)이다.
- 12간지는 干支(えと)라고 하며 쥐띠는 鼠年(ねずみどし), 소띠는 牛年(うしどし), 호랑이띠는 虎年(とらどし), 토끼띠는 兎年(うさぎどし), 용띠는 辰年(たつどし), 뱀띠는 蛇年(へびどし), 말띠는 馬年(うまどし), 양띠는 羊年(ひつじどし), 원숭이띠는 猿年(さるどし), 닭띠는 鳥年(とりどし), 개띠는 犬年(いぬどし), 돼지띠는 猪年(いのししどし)이다.
- 그 외에 표범은 ひょう, 침팬지는 チンパンジー, 캥거루는 カンガルー, 얼룩말은 縞馬(しまうま), 하마는 かば이다.

昆虫 곤충

A

こんちゅう
むし
はち
ちょう
とんぼ
はえ
か

B

あり
くも
みみず
せみ
ゴキブリ
かめ
ほたる

C

すっぽん
むかで
かえる
かたつむり
うじ
かいこ

D

とかげ
わに
へび
どくへび
コブラ
イグアナ
カメレオン

1	こんちゅう	昆虫	곤충
2	むし	虫	벌레
3	はち	蜂	벌
4	ちょう	蝶	나비
5	とんぼ		잠자리
6	はえ	蝿	파리
7	か	蚊	모기
8	あり	蟻	개미
9	くも	蜘蛛	거미
10	みみず		지렁이
11	せみ	蝉	매미
12	ゴキブリ		바퀴벌레
13	かめ	亀	거북
14	ほたる	蛍	반딧불
15	すっぽん		자라
16	むかで		지네
17	かえる	蛙	개구리
18	かたつむり		달팽이
19	うじ		구더기
20	かいこ	蚕	누에
21	とかげ		도마뱀
22	わに	鰐	악어
23	へび	蛇	뱀
24	どくへび	毒蛇	독사
25	コブラ	cobra	코브라
26	イグアナ	iguana	이구아나
27	カメレオン	chameleon	카멜레온
28			

example

蜂(はち)は巣(す)の中(なか)で蜂蜜(はちみつ)を作(つく)り集(あつ)めます。
벌은 벌집 속에서 벌꿀을 만들어 모읍니다.

かゆみ止(ど)めの薬(くすり)ありますか。蚊(か)に刺(さ)されて痒(かゆ)いです。
벌레물린 데 바르는 약은 없습니까? 모기에 물려서 가렵습니다.

蚕(かいこ)は成人病(せいじんびょう)によく効(き)きます。
누에는 성인병에 잘 듣습니다.

ひらがなはみみずのように見(み)えるとよく言(い)われます。
히라가나는 지렁이같이 보인다고 자주 사람들은 말합니다.

夏(なつ)になるゴキブリが出(で)てくるので嫌(いや)です。
여름이 되면 바퀴벌레가 나와서 싫습니다.

- 용은 辰(たつ) 또는 竜(りゅう)라고 한다.
- 알 卵(たまご)가 애벌레 幼虫(ようちゅう)가 되고 번데기 さなぎ가 되어 성충 成虫(せいちゅう)이 된다.
- 그 외에 장수풍뎅이는 **カブトムシ**, 하늘가재는 **クワガタムシ**, 파충류는 **ハチュウ類(るい)**라고 한다.

필수동사 정리 1

あえる 무치다
揚(あ)がる 높이 걸리다
諦(あきら)める 포기하다
飽(あ)きる 싫증나다
明(あ)く 열리다
明(あ)ける 밝아지다
預(あず)かる 맡다
預(あず)ける 맡기다
焦(あせ)る 안달하다
与(あた)える 주다
扱(あつか)う 다루다
誤(あやま)る 실패하다

047 魚 물고기

A

さかな
うお
えび
いか
たこ
かき
まぐろ

B

かに
かい
さば
さんま
うなぎ
こい
くじら

C

たい
めんたい
さけ
うに
たら
ひらめ
たちうお

D

ふな
にしん
いわし
かつお
ふぐ
あなご
あじ

1	さかな	魚	생선
2	うお	魚	물고기
3	えび	海老	새우
4	いか		오징어
5	たこ		문어
6	かき		굴
7	まぐろ	鮪	참치
8	かに	蟹	게
9	かい	貝	조개
10	さば	鯖	고등어
11	さんま	秋刀魚	꽁치
12	うなぎ	鰻	장어
13	こい	鯉	잉어
14	くじら	鯨	고래
15	たい	鯛	도미
16	めんたい	明太	명태
17	さけ	鮭	연어
18	うに		성게
19	たら		대구
20	ひらめ	平目	넙치(광어)
21	たちうお	太刀魚	갈치
22	ふな	鮒	붕어
23	にしん		청어
24	いわし		정어리
25	かつお	鰹	다랑어
26	ふぐ	鰒	복어
27	あなご	海鰻	붕장어
28	あじ		전갱이

example

池(いけ)では金魚(きんぎょ)も飼(か)ってるし、鯉(こい)もいますよ。
연못에서는 금붕어도 기르고 잉어도 있습니다.

料亭(りょうてい)で鮪(まぐろ)の刺身(さしみ)を食(た)べました。
음식점에서 참치회를 먹었습니다.

鰒(ふぐ)は内蔵(ないぞう)に毒(どく)がある魚(さかな)です。
복어는 내장에 독이 있는 생선입니다.

うなぎが乗(の)っている丼(とんぶり)はうなぎ丼(どん)と言(い)います。
장어가 올라있는 덮밥은 장어덮밥이라고 합니다.

魚市場(うおいちば)で新鮮(しんせん)な魚(さかな)を買(か)いました。
어시장에서 신선한 생선을 샀습니다.

- 물고기이름은 동물이름과 마찬가지로 平仮名(ひらがな) 대신 주로 片仮名(かたかな)로 표기한다.
- 바다와 강에 사는 것은 모두 魚(さかな)이고 생선시장, 물고기자리만 魚市場(うおいちば), 魚座(うおざ)라고 부른다.
- 해초류 중 해초는 海草(かいそう), 김은 海苔(のり), 미역은 わかめ, 다시마는 昆布(こんぶ), 파래는 青(あお)のり이다.
- 그 외에 방어는 鰤(ぶり), 전복은 あわび, 홍합은 いがい, 해삼은 なまこ, 연어는 サーモン, 돌고래는 イルカ, 상어는 鮫(さめ), 바닷가재는 ロブスター, 가리비는 ほたて, 바지락은 あさり, 멸치는 イワシ이다.

필수동사 정리 2

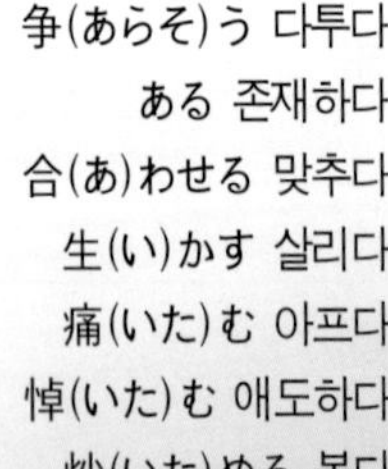

争(あらそ)う 다투다
ある 존재하다
合(あ)わせる 맞추다
生(い)かす 살리다
痛(いた)む 아프다
悼(いた)む 애도하다
炒(いた)める 볶다
痛(いた)める 아프게 하다
浮(う)かぶ 뜨다
浮(う)く 뜨다
撃(う)つ 공격하다
映(うつ)す 비추다

鳥 새

A

とり
け
つばさ
しっぽ
す
たまご
わたりどり

B

にわとり
あひる
すずめ
カモ
がちょう
つばめ
はと

C

からす
かもめ
つる
きじ
たか
ガン
うぐいす

D

オウム
ふくろう
きつつき
かささぎ
ひばり
うずら
インコ

1	とり	鳥	새
2	け	毛	털
3	つばさ	翼	날개
4	しっぽ	尻尾	꼬리
5	す	巣	둥지
6	たまご	卵	알
7	わたりどり	渡り鳥	철새
8	にわとり	鶏	닭
9	あひる	家鴨	집오리
10	すずめ	雀	참새
11	カモ		오리
12	がちょう		거위
13	つばめ	燕	제비
14	はと		비둘기
15	からす	烏	까마귀
16	かもめ	鴎	갈매기
17	つる	鶴	두루미(학)
18	きじ		꿩
19	たか		매(독수리)
20	ガン	鴈	기러기
21	うぐいす		꾀꼬리
22	オウム		앵무새
23	ふくろう		올빼미
24	きつつき		딱따구리
25	かささぎ		까치
26	ひばり		종달새
27	うずら		메추리
28	インコ		잉꼬

example

鶴(つる)が群(む)れをなして夕日(ゆうひ)の中(なか)を飛(と)んでいます。
학이 무리를 이루며 석양 속을 날고 있습니다.

雀(すずめ)の涙(なみだ)ぐらいの給料(きゅうりょう)だ。
쥐꼬리만한 월급이다.

毎朝(まいあさ)にわとりの鳴(な)き声(ごえ)で目(め)が覚(さ)めます。
매일아침 닭이 우는 소리에 잠을 깹니다.

家(いえ)の庭(にわ)で、あひるとがちょうを飼(か)っています。
집의 정원에서 오리와 닭을 기르고 있습니다.

あの二人(ふたり)にインコのお人形(にんぎょう)をあげました。
그 두 사람에게 잉꼬인형을 주었습니다.

- 雀(すずめ)の涙(なみだ)는 아주 적은 양을 나타낸다.
- 그 외에 백조는 白鳥(はくちょう), 공작은 孔雀(くじゃく), 칠면조는 七面鳥(しちめんちょう), 홍학은 フラミンゴ, 병아리는 ヒヨコ이다.

필수동사 정리 3

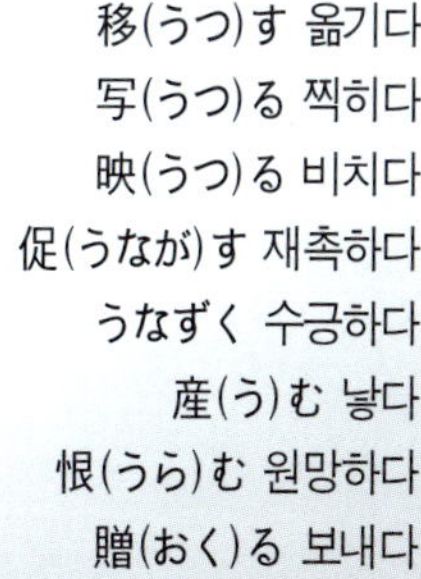

移(うつ)す 옮기다
写(うつ)る 찍히다
映(うつ)る 비치다
促(うながす)す 재촉하다
うなずく 수긍하다
産(う)む 낳다
恨(うら)む 원망하다
贈(おく)る 보내다
怠(おこた)る 게으름피우다
怒(おこ)る 성내다
おごる 한턱내다
押(お)さえる 누르다

chapter 5

음식

049 料理1 음식1

A

りょうり
ちゅうもん
メニュー
かんじょう
しはらい
わりかん
ていしょく

B

ようしょく
おすすめりょうり
ひがわりりょうり
とくべつりょうり
じもとりょうり
バイキング
たべほうだい

C

わしょく
かんこくりょうり
ちゅうかりょうり
イタリアりょうり
フランスりょうり
ちちゅうかいりょうり
ファーストフード

D

インスタントしょくひん
れいとうしょくひん
セルフサービス
たちぐい
ウェルダン
レアー
ミディアム

1	りょうり	料理	음식
2	ちゅうもん	注文	주문
3	メニュー	menu	메뉴
4	かんじょう	勘定	계산
5	しはらい	支払い	지불
6	わりかん	割り勘	각자지불
7	ていしょく	定食	정식
8	ようしょく	洋食	양식
9	おすすめりょうり	お勧め料理	추천요리
10	ひがわりりょうり	日替わり料理	오늘의 요리
11	とくべつりょうり	特別料理	특별요리
12	じもとりょうり	地元料理	향토요리
13	バイキング	buffet	뷔페
14	たべほうだい	食べ放題	뷔페
15	わしょく	和食	일식
16	かんこくりょうり	韓国料理	한국요리
17	ちゅうかりょうり	中華料理	중화요리
18	イタリアりょうり	イタリア料理	이태리요리
19	フランスりょうり	フランス料理	프랑스요리
20	ちちゅうかいりょうり	地中海料理	지중해요리
21	ファーストフード	fast food	패스트푸드
22	インスタントしょくひん	instant食品	인스턴트
23	れいとうしょくひん	冷凍食品	냉동식품
24	セルフサービス	self-service	셀프서비스
25	たちぐい	立ち食い	입식
26	ウェルダン	well-done	푹 익힌 것
27	レアー	rare	살짝 익힌 것
28	ミディアム	medium	중간 익힌 것

example

今日(きょう)はイタリア料理(りょうり)にしますか、フランス料理(りょうり)にしますか。
오늘은 이태리요리를 먹겠습니까? 프랑스요리를 먹겠습니까?

カニの食(た)べ放題(ほうだい)へ行(い)ってみたいんですが。
게 뷔페에 가보고 싶습니다만.

地中海料理(ちちゅうかいりょうり)が大好(だいす)きです。
지중해요리를 아주 좋아합니다.

韓国料理(かんこくりょうり)の中(なか)で何(なに)が一番(いちばん)好(す)きですか。
한국음식 중에 무엇을 제일 좋아합니까?

今日(きょう)のお勧(すす)め料理(りょうり)は何(なん)ですか。
오늘의 추천요리는 무엇입니까?

- **バイキング**는 여러 가지 음식을 먹는 뷔페이고, **食(た)べ放題(ほうだい)**는 한두 가지 음식을 마음껏 먹는 뷔페이다.
- 정식은 **定食(ていしょく)**, 코스요리는 **コース料理(りょうり)**이다.
- 고온조리식품은 **レトルト食品(しょくひん)**, 건강식품은 **健康食品(けんこうしょくひん)**, 가공식품은 **加工食品(かこうしょくひん)**이다.
- 맛이 좋다는 **味(あじ)が良(よ)い**, 맛이 떨어지다는 **味(あじ)が落(お)ちる**이다.
- 유통기한은 **賞味期限(しょうみきげん)**이라고 한다.

필수동사 정리 3

覚(おぼ)える 기억하다
帰(かえ)す 돌아가게 하다
返(かえ)る 돌아오다
係(かか)る 관계되다
掛(かか)る 걸리다
隠(かく)す 숨기다
隠(かく)れる 숨다
嗅(か)ぐ 냄새 맡다
掛(か)ける 걸다
重(かさ)なる 포개지다
重(かさ)ねる 포개다
稼(かせ)ぐ 벌다

料理2 음식2

A

ステーキ
カレー
サラダ
スープ
パン
ピザ
トンカツ

B

ハンバーガー
ハンバーグ
サンドイッチ
スパゲッティ
トースト
ホットドッグ

C

めだまやき
たまごやき
キムチ
ビビンパ
やきにく
カルビ
クッパ

D

ワンタン
ギョーザ
チャーハン
すぶた
まんじゅう
カップラーメン
カップヌードル

1	ステーキ	steak	스테이크
2	カレー	curry	카레
3	サラダ	salad	샐러드
4	スープ	soup	스프
5	パン	pao(포)	빵
6	ピザ	pizza	피자
7	トンカツ	豚カツ	포크커틀릿
8	ハンバーガー	hamburger	햄버거
9	ハンバーグ	hamburg steak	함박 스테이크
10	サンドイッチ	sandwich	샌드위치
11	スパゲッティ	spaghetti(이)	스파게티
12	トースト	toast	토스트
13	ホットドッグ	hot dog	핫도그
14	めだまやき	目玉焼き	계란후라이
15	たまごやき	卵焼き	달걀말이
16	キムチ		김치
17	ビビンパ		비빔밥
18	やきにく	焼き肉	불고기
19	カルビ		갈비
20	クッパ		국밥
21	ワンタン		만둣국
22	ギョーザ	餃子	만두
23	チャーハン		볶음밥
24	すぶた	酢豚	탕수육
25	まんじゅう		만두
26	カップラーメン	cupラーメン	컵라면
27	カップヌードル	cup noodle	컵라면
28			

example

注文(ちゅうもん)決(き)めましたか。私(わたし)はカレーにします。
주문은 정했습니까? 나는 카레를 먹겠습니다.

ステーキはウェルダンでお願(ねが)いします。
스테이크를 푹 익혀주세요.

スープは暖(あたた)めてありますので、すぐお持(も)ち致(いた)します。
스프가 데워져 있으므로 금방 가져오겠습니다.

チーズを細(こま)かく切(き)ってください。
치즈를 잘게 썰어주세요.

野菜(やさい)いっぱいのサンドイッチが食(た)べたいなあ。
야채가 많이 든 샌드위치를 먹고싶다.

- 삶은 달걀은 ゆで卵(たまご), 완숙은 かたゆで, 반숙은 半熟(はんじゅく), 후라이는 目玉焼(めだまや)き, 달걀말이는 卵焼(たまごや)き이다.
- 굽다는 焼(や)く, 볶다는 炒(いた)める, 데우다는 暖(あたた)める, 식히다는 冷(さ)める이다.
- 茹(ゆ)でる는 끓는 물에 삶다, ゆがく는 짧은 시간에 데치다, 沸(わ)かす는 열을 가해 데우고 뜨겁게 하다이다.
- 그 외에 식빵은 食(しょく)パン, 베이컨은 ベーコン, 소시지는 ソーセージ, 햄은 ハム, 마가린은 マーガリン, 치즈는 チーズ, 잼은 ジャム이다.

필수동사 정리 4

数(かぞ)える 세다
傾(かたむ)く 기울다
傾(かたむ)ける 기울이다
語(かた)る 말하다
悲(かな)しむ 슬퍼하다
兼(か)ねる 겸하다
乾(かわ)かす 말리다
渇(かわ)く 목마르다
代(か)わる 대신하다
刻(きざ)む 잘게 썰다
切(き)れる 끊어지다
食(く)う 먹다

051 食事 식사

A

しょくじ
ちょうしょく
ちゅうしょく
ゆうしょく
あさごはん
ひるごはん
ゆうごはん

B

めし
ごはん
こめ
おかず
しる
かゆ
おやつ

C

おべんとう
えきべん
がいしょく
ししょく
ばんさん
やしょく
つまみぐい

D

デザート
さいしょく
にくしょく
グルメ
すききらい
たべすぎ
のみすぎ

1	しょくじ	食事	식사
2	ちょうしょく	朝食	아침식사
3	ちゅうしょく	昼食	점심식사
4	ゆうしょく	夕食	저녁식사
5	あさごはん	朝御飯	아침밥
6	ひるごはん	昼御飯	점심밥
7	ゆうごはん	夕御飯	저녁밥
8	めし	飯	밥
9	ごはん	ご飯	밥
10	こめ	米	쌀
11	おかず		반찬
12	しる	汁	국
13	かゆ	粥	죽
14	おやつ		간식
15	おべんとう	お弁当	도시락
16	えきべん	駅弁	역도시락
17	がいしょく	外食	외식
18	ししょく	試食	시식
19	ばんさん	晩餐	만찬
20	やしょく	夜食	야식
21	つまみぐい	つまみ食い	군것질
22	デザート	dessert	후식
23	さいしょく	菜食	채식
24	にくしょく	肉食	육식
25	グルメ	gourmet(프)	미식
26	すききらい	好き嫌い	식성
27	たべすぎ	食べ過ぎ	과식
28	のみすぎ	飲みすぎ	과음

example

朝御飯(あさごはん)はいつもご飯(はん)と味噌汁(みそしる)を食(た)べている。
아침식사는 항상 밥과 된장국을 먹고 있다.

昼休(ひるやす)みに同僚(どうりょう)と外食(がいしょく)をしました。
점심으로 동료와 외식을 했습니다.

牛肉(ぎゅうにく)と豚肉(ぶたにく)とどっちがすきなの。
소고기와 돼지고기와 어느 쪽을 좋아하니?

チキンのスープを作(つく)ってみましたが、お口(くち)に合(あ)うかどうか。
치킨 스프를 만들어봤습니다만 입에 맞는지?

米(こめ)を研(と)いでご飯(はん)を炊(た)く用意(ようい)しておいてください。
쌀을 씻어 밥을 지을 준비를 해두세요.

- 소고기는 牛肉(ぎゅうにく), 돼지고기는 豚肉(ぶたにく), 닭고기는 鶏肉(とりにく), 치킨은 チキン, 양고기는 ラム肉(にく), 칠면조고기는 七面鳥(しちめんちょう)라고 한다.
- 간은 レバー, 넓적다리는 もも肉(にく), 갈은 고기는 ひき肉(にく)이다.
- 간식은 おやつ라고도 間食(かんしょく)라고도 한다.
- 水(みず)는 일반적으로 물이고, お湯(ゆ)는 데워서 뜨거운 물이고, お冷(ひ)や는 마시는 차가운 물이다.

필수동사 정리 5

配(くば)る 배부하다
暮(くら)す 날을 보내다
来(く)る 오다
苦(くる)しむ 괴로워하다
苦(くる)しめる 괴롭히다
蹴(け)る 차다
殺(ころ)す 죽이다
転(ころ)ぶ 쓰러지다
叫(さけ)ぶ 외치다
囁(ささや)く 속삭이다
刺(さ)す 찌르다
指(さ)す 가리키다

調味料 조미료

052

A

ちょうみりょう
やくみ
ソース
しお
さとう
しょうゆ
こしょう

B

す
みそ
あぶら
わさび
からし
さけ
ドレッシング

C

ケチャップ
マヨネーズ
ごまあぶら
ごましお
とうがらしみそ
とうがらしこ

D

かたくりこ
みりん
ハーブ
はちみつ
オリーブオイル
ごまあぶらにんにく
こうしんりょう

1	ちょうみりょう	調味料	조미료
2	やくみ	薬味	양념
3	ソース	sauce	소스
4	しお	塩	소금
5	さとう	砂糖	설탕
6	しょうゆ	醤油	간장
7	こしょう	胡椒	후추
8	す	酢	식초
9	みそ	味噌	된장
10	あぶら	油	기름
11	わさび		와사비
12	からし	辛し	겨자
13	さけ	酒	요리술
14	ドレッシング	dressing	드레싱
15	ケチャップ	ketchup	케첩
16	マヨネーズ	mayonnaise(프)	마요네즈
17	ごまあぶら	胡麻油	참기름
18	ごましお	ごま塩	깨소금
19	とうがらしみそ	唐辛子味噌	고추장
20	とうがらしこ	唐辛し粉	고추가루
21	かたくりこ	片栗粉	전분
22	みりん		미림
23	ハーブ	herb	허브
24	はちみつ	蜂蜜	벌꿀
25	オリーブオイル	olive oil	올리브유
26	にんにく		마늘
27	こうしんりょう	香辛料	향신료
28			

example

サラダにかけるドレッシングはお好(す)きなものを選(えら)んでください。
샐러드에 뿌리는 드레싱은 좋아하시는 것을 골라주세요.

するめにマヨネーズを付(つ)けて食(た)べたことありますか。
말린 오징어에 마요네즈를 묻혀서 먹은 적이 있습니까?

酢(す)は健康(けんこう)にいい食品(しょくひん)です。
식초는 건강에 좋은 식품입니다.

最後(さいご)に片栗粉(かたくりこ)を入(い)れてとろみを加(くわ)えます。
마지막으로 전분을 넣어 찰기를 더합니다.

塩(しお)、胡椒(こしょう)少々(しょうしょう)をふりかけます。
소금과 후추를 조금 뿌립니다.

- 전분은 片栗粉(かたくりこ)라고도 でんぷん이라고도 한다.
- 백설탕은 白砂糖(しろざとう), 흑설탕은 黒砂糖(くろざとう), 각설탕은 角砂糖(かくざとう)이다.
- 그 외에 양념국물은 だし, 등자즙은 ポン酢(ず)이다.
- 調味料(ちょうみりょう)는 간장 설탕 소금 등의 조미료이고, 薬味(やくみ)는 향신료이고, タレ는 구이나 전골 등에 쓰는 조미한 국물이다.
- 맛이 나다는 味(あじ)がする, 맛을 내다는 味(あじ)をつける, 간을 하다는 味付(あじつ)けをする, 간을 보다는 味見(あじみ)をする, 미리 준비해두다는 下(した)ごしらえする이다.

필수동사 정리 6

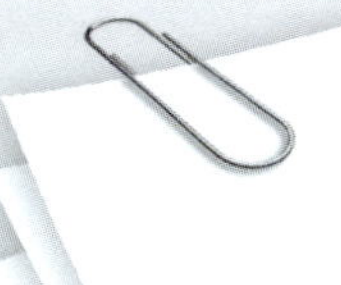

差(さ)す 가리다
誘(さそ)う 꾀다
敷(し)く 깔다
沈(しず)む 가라앉다
従(したが)う 따르다
仕舞(しま)う 끝내다
締(し)まる 죄이다
湿(しめ)る 습기차다
占(し)める 차지하다
締(し)める 죄다
過(す)ぎる 지나가다
透(す)く 틈이 나다

053 デザート 후식

A

デザート
のみもの
コーヒー
おちゃ
こうちゃ
ミルク
ジュース

B

コーラ
サイダー
ココア
パフェ
むぎちゃ
ウーロンちゃ
アイスクリーム

C

レモンティー
ミルクティー
ケーキ
プリン
あめ
チョコレート
ガム
キャンディー

D

クッキー
キャラメル
ビスケット
おかし
くだもの
かきごおり

1	デザート	dessert	디저트
2	のみもの	飲み物	음료수
3	コーヒー	coffee	커피
4	おちゃ	お茶	차
5	こうちゃ	紅茶	홍차
6	ミルク	milk	우유
7	ジュース	juice	주스
8	コーラ	cola	콜라
9	サイダー	cider	사이다
10	ココア	cocoa	코코아
11	パフェ	parfait(프)	파르페
12	むぎちゃ	麦茶	보리차
13	ウーロンちゃ	ウーロン茶	우롱차
14	アイスクリーム	ice cream	아이스크림
15	レモンティー	lemon tea	레몬티
16	ミルクティー	milk tea	밀크티
17	ケーキ	cake	케이크
18	プリン	pudding	푸딩
19	あめ	飴	엿
20	チョコレート	chocolate	초콜릿
21	ガム	gum	껌
22	キャンディー	candy	캔디
23	クッキー	cookie	쿠키
24	キャラメル	caramel	캐러멜
25	ビスケット	biscuit	비스킷
26	おかし	お菓子	과자
27	くだもの	果物	과일
28	かきごおり	かき氷	빙수

example

毎日(まいにち)ケーキを食(た)べたので、太(ふと)ってしまいました。
매일 케익을 먹어서 살이 졌습니다.

食事(しょくじ)の後(あと)いつもデザートを食(た)べます。
식사 후에는 항상 디저트를 먹습니다.

子供(こども)はコーヒーよりもココアが好(す)きです。
어린이는 커피보다도 코코아를 좋아합니다.

映画(えいが)が始(はじ)まるまで、お茶(ちゃ)でも飲(の)みに行(い)きませんか。
영화가 시작되기까지 차라도 마시러 가지 않겠습니까?

家(いえ)でアイスクリームを作(つく)りたいんだけど、どうやって作(つく)るの。
집에서 아이스크림을 만들고 싶은데 어떻게 만드니?

- 우유는 ミルク라고도 牛乳(ぎゅうにゅう)라고도 한다.
- 일본의 빙수는 기본적으로 팥이 들어 있지 않다.
- 녹차는 緑茶(りょくちゃ)라고도 하고, 녹차를 가루로 만든 것은 抹茶(まっちゃ)라고 한다.
- 그 외에 허브차는 ハーブ茶(ちゃ), 소프트크림은 ソフトクリーム, 슈크림은 シュークリーム, 일본과자는 和菓子(わがし), 통조림은 缶詰(かんづめ)라고 한다.

필수동사 정리 7

救(すく)う 구하다
過(す)ごす 보내다
進(すす)む 나아가다
進(すす)める 나아가게 하다
備(そな)える 준비하다
備(そな)わる 갖춰지다
染(そ)まる 물들다
染(そ)める 물들이다
揃(そろ)う 갖추다
揃(そろ)える 가지런히 하다
助(たす)かる 살아나다
助(たす)ける 살리다

お酒 술

A

おさけ
ビール
なまビール
ワイン
あかワイン
しろワイン
ウイスキー

B

カクテル
ちゅうハイ
シャンペン
ブランデー
しょうちゅう
ぶどうしゅ
にほんしゅ

C

みずわり
せいしゅ
あまざけ
うめしゅ
ジン
ウォッカ
テキーラ

D

ラム
スコッチ
コニャック
おつまみ
ワイングラス
にじかい
ふつかよい

1	おさけ	お酒	술
2	ビール	beer	맥주
3	なまビール	生beer	생맥주
4	ワイン	wine	와인
5	あかワイン	赤wine	적포도주
6	しろワイン	白wine	흰포도주
7	ウイスキー	whiskey	위스키
8	カクテル	cocktail	칵테일
9	ちゅうハイ	酎ハイ	칵테일 소주
10	シャンペン	champagne	샴페인
11	ブランデー	brandy	브랜디
12	しょうちゅう	焼酎	소주
13	ぶどうしゅ	葡萄酒	포도주
14	にほんしゅ	日本酒	정종
15	みずわり	水割り	희석주
16	せいしゅ	清酒	청주
17	あまざけ	甘酒	단술
18	うめしゅ	梅酒	매실주
19	ジン	gin	진
20	ウォッカ	vodka(러)	보드카
21	テキーラ	tequila	테킬라
22	ラム	rum	럼주
23	スコッチ	scotch whiskey	스카치
24	コニャック	cognac	코냑
25	おつまみ		술안주
26	ワイングラス	wine glass	와인잔
27	にじかい	二次会	2차
28	ふつかよい	二日酔い	숙취

example

お酒(さけ)は好(す)きですが、量(りょう)はそんなに飲(の)めません。
술은 좋아합니다만, 그다지 많은 양은 못 마십니다.

生(なま)ビールから飲(の)みはじめて、後(あと)で焼酎(しょうちゅう)にしよう。
생맥주부터 마시기 시작해서 나중에 소주를 마시자.

私(わたし)はビールが飲(の)めないので、酎(ちゅう)ハイにします。
나는 맥주를 못 마시므로 츄하이를 마시겠습니다.

日本酒(にほんしゅ)は水割(みずわ)りですか、ロックですか。
일본술은 미즈와리(희석주)로 하겠습니까? 얼음만 넣겠습니까?

テキーラを一気飲(いっきの)みする時(とき)は、ライムを食(た)べます。
데킬라를 원샷할 때는 라임을 먹습니다.

- 술을 취급하여 파는 주류전문점은 酒屋(さかや)이고 술을 마실 수 있는 술집은 酒場(さかば)이다.
- 값이 싼 대중 술집은 居酒屋(いざかや), 포장마차는 屋台(やたい), 호프집은 ビヤホール이다.
- 그 외에 술의 도수는 度数(どすう), 술자리모임은 飲(の)み会(かい), 술친구는 飲(の)み友達(ともだち), 술집순례는 梯子酒(はしござけ), 원샷은 一気(いっき)飲(の)み, 취하다는 酔(よ)う, 주정뱅이는 酔(よ)っぱらい이다.

필수동사 정리 8

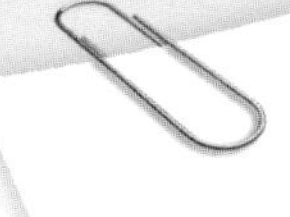

戦(たたか)う 싸우다
畳(たた)む 접다
建(た)つ 세워지다
断(た)つ 자르다
絶(た)つ 끊다
溜(た)まる 모이다
試(ため)す 시험하다
貯(た)める 모으다
出(だ)す 내다
縮(ちぢ)む 수그러지다
つかむ 잡다
点(つ)ける 점화하다

055 和食 일본음식

A

わしょく
さしみ
すし
べんとう
やきそば
てんぷら
うどん

B

そば
どんぶり
ぎゅうどん
かつどん
てんどん
みそしる
うめぼし

C

ラーメン
おこのみやき
すきやき
しゃぶしゃぶ
せきはん
なっとう
とうふ

D

もち
ぞうに
のりまき
つけもの
せんべい
だんご
ようかん

1	わしょく	和食	일식
2	さしみ	刺身	생선회
3	すし	寿司	생선초밥
4	べんとう	弁当	도시락
5	やきそば	焼きそば	야끼소바
6	てんぷら	天ぷら	튀김
7	うどん		우동
8	そば	蕎麦	메밀국수
9	どんぶり	丼	덮밥
10	ぎゅうどん	牛丼	소고기덮밥
11	かつどん	カツ丼	돈까스덮밥
12	てんどん	天丼	새우덮밥
13	みそしる	味噌汁	된장국
14	うめぼし	梅干し	매실절임
15	ラーメン		라면
16	おこのみやき	お好み焼き	오코노미야끼
17	すきやき	すき焼き	전골
18	しゃぶしゃぶ		샤부샤부
19	せきはん	赤飯	팥찰밥
20	なっとう	納豆	일본청국장
21	とうふ	豆腐	두부
22	もち	餅	떡
23	ぞうに	雑煮	떡국
24	のりまき	のり巻き	김밥
25	つけもの	漬物	절임
26	せんべい	煎餅	전병
27	だんご	団子	경단
28	ようかん		양갱

example

夕食(ゆうしょく)は和食(わしょく)にしましょうか。洋食(ようしょく)にしましょうか。
저녁은 일식으로 할까요? 양식으로 할까요?

おいしく蕎麦(そば)を食(た)べる時(とき)には音(おと)を出(だ)すそうです。
맛있게 메밀국수를 먹을 때는 소리를 낸다고 합니다.

丼(どんぶり)にはいろんな種類(しゅるい)があります。
덮밥요리에는 여러 종류가 있습니다.

納豆(なっとう)はねばねばしてるし、臭(にお)いがあってちょっと苦手(にがて)です。
낫토(일본청국장)는 끈적거리고 냄새가 나서 좀 못 먹습니다.

おかずがなかったので、ふりかけをご飯(はん)にをかけて食(た)べました。
반찬이 없었기에 후리카케를 밥에 뿌려 먹었습니다.

- 라면 중에는 대표적으로 味噌(みそ)ラーメン, 塩(しお)ラーメン, 醤油(しょうゆ)ラーメン이 있다.
- 덮밥요리 중에 牛丼(ぎゅうどん), エビ丼(どん), 天丼(てんどん), 鰻丼(うなぎどん), カツ丼(どん), イクラ丼(どん), 親子丼(おやこどん), 他人丼(たにんどん)등이 있다.
- 그 외에 뿌리는 양념은 ふりかけ, 다랑어포는 鰹節(かつおぶし), 단무지는 たくわん, 유부는 油揚(あぶらあ)げ이다.

필수동사 정리 9

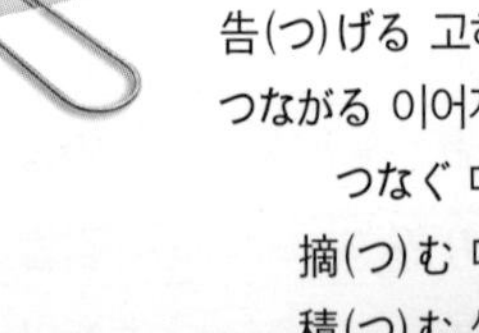

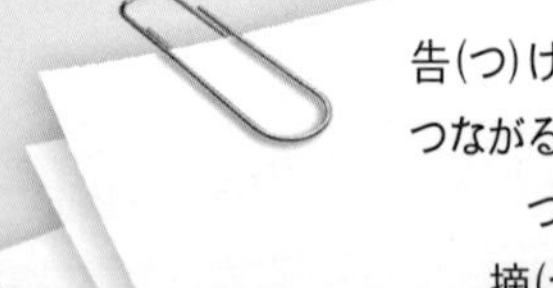

告(つ)げる 고하다
つながる 이어지다
つなぐ 매다
摘(つ)む 따다
積(つ)む 쌓다
積(つ)もる 쌓이다
通(とお)す 통과하다
溶(と)ける 녹다
解(と)ける 풀리다
整(ととの)う 가지런하다
届(とど)く 닿다
伴(ともな)う 함께 하다

chapter 6

건강과 질병

056 健康 건강

A

けんこう
えいよう
しょうか
きゅうしゅう
こきゅう
はいしゅつ
えいせい

B

ねつ
あせ
せき
なみだ
はなみず
めまい
はきけ

C

べんぴ
だいべん
うんこ
しょうべん
おしっこ
おなら
けつあつ

D

みゃく
さむけ
なつばて
ストレス
かろう
アレルギー
つわり

1	けんこう	健康	건강
2	えいよう	栄養	영양
3	しょうか	消化	소화
4	きゅうしゅう	吸収	흡수
5	こきゅう	呼吸	호흡
6	はいしゅつ	排出	배출
7	えいせい	衛生	위생
8	ねつ	熱	열
9	あせ	汗	땀
10	せき	咳	기침
11	なみだ	涙	눈물
12	はなみず	鼻水	콧물
13	めまい		현기증
14	はきけ	吐気	구토
15	べんぴ	便秘	변비
16	だいべん	大便	대변
17	うんこ		똥
18	しょうべん	小便	소변
19	おしっこ		오줌
20	おなら	屁	방귀
21	けつあつ	血圧	혈압
22	みゃく	脈	맥
23	さむけ	寒気	오한
24	なつばて	夏ばて	더위먹음
25	ストレス		스트레스
26	かろう	過労	과로
27	アレルギー	Allergie(독)	알레르기
28	つわり		입덧

寒(さむ)がりやの伊藤(いとう)さんは、いつも寒(さむ)いと言(い)っています。
추위를 잘 타는 이토씨는 늘 춥다고 합니다.

これは栄養(えいよう)がたっぷり含(ふく)まれている食(た)べ物(もの)です。
이것은 영양이 풍부히 들어 있는 음식입니다.

血圧(けつあつ)が上(あ)がってますね。高血圧(こうけつあつ)かもしれませんよ。
혈압이 올라갔군요. 고혈압일지도 모릅니다.

急(きゅう)に立(た)ったとたん、めまいがしてそのまま倒(たお)れてしまいました。
갑자기 일어선 순간 현기증이 나서 쓰러져 버렸습니다.

消化(しょうか)しやすいように、よく煮込(にこ)んでください。
소화가 잘 되도록 잘 푹 끓여주세요.

example

- 추위를 잘 타는 사람은 寒(さむ)がり屋(や)이고, 더위를 잘 타는 사람은 暑(あつ)がり屋(や)라고 한다.
- 똥은 うんち라고도 くそ라고도 한다.
- 건강은 지키다는 健康(けんこう)を守(まも)る, 건강을 유지하다는 健康(けんこう)を保(たも)つ, 건강진단을 하다는 健康診断(けんこうしんだん)を受(う)ける이다.
- 그 외에 의료는 医療(いりょう), 진찰은 診察(しんさつ), 회복은 回復(かいふく), 경상은 軽傷(けいしょう), 중상은 重傷(じゅうしょう), 세균은 細菌(さいきん), 바이러스는 ウイルス, 마비는 麻痺(まひ), 발작은 発作(ほっさ), 전염은 伝染(でんせん)이다.

필수동사 정리 10

執(と)る 맡다
捕(と)る 잡다
治(なお)す 치료하다
直(なお)る 고쳐지다
眺(なが)める 바라보다
流(なが)れる 흐르다
亡(な)くす 여의다
殴(なぐ)る 세게 치다
怠(なま)ける 게으름피우다
悩(なや)む 괴로워하다
並(なら)ぶ 줄서다
握(にぎ)る 쥐다

病気 병

057

A

びょうき
かんじゃ
くすり
ちりょう
しゅじゅつ
けんこうしんだん
けんさ

B

がん
はいえん
はいがん
いがん
いえん
いかいよう
しょうじょう

C

かぜ
ずつう
やけど
こっせつ
ますい
こうけつあつ
ていけつあつ

D

しんぞうびょう
とうにょうびょう
のうこうそく
もうちょうえん
みずむし
けっかく
ちょうチフス

1	びょうき	病気	병
2	かんじゃ	患者	환자
3	くすり	薬	약
4	ちりょう	治療	치료
5	しゅじゅつ	手術	수술
6	けんこうしんだん	健康診断	건강진단
7	けんさ	検査	검사
8	がん	癌	암
9	はいえん	肺炎	폐렴
10	はいがん	肺癌	폐암
11	いがん	胃癌	위암
12	いえん	胃炎	위염
13	いかいよう	胃潰瘍	위궤양
14	しょうじょう	症状	증상
15	かぜ	風邪	감기
16	ずつう	頭痛	두통
17	やけど	火傷	화상
18	こっせつ	骨折	골절
19	ますい	麻酔	마취
20	こうけつあつ	高血圧	고혈압
21	ていけつあつ	低血圧	저혈압
22	しんぞうびょう	心臓病	심장병
23	とうにょうびょう	糖尿病	당뇨병
24	のうこうそく	脳硬塞	뇌경색
25	もうちょうえん	盲腸炎	맹장염
26	みずむし	水虫	무좀
27	けっかく	結核	결핵
28	ちょうチフス	腸チフス	장티푸스

example

やっと病気(びょうき)が治(なお)ったので外(そと)に出(で)られます。
겨우 병이 나아서 밖에 나갈 수 있습니다.

三日前(みっかまえ)から風(かぜ)をひいてたんですが、熱(ねつ)がすごかったんです。
3일전부터 감기에 걸렸는데 열이 심했습니다.

救急車(きゅうきゅうしゃ)で運(はこ)ばれて、手術(しゅじゅつ)を受(う)けたんです。
응급차에 실려가서 수술을 받았습니다.

病院(びょういん)で処方(しょほう)してもらった薬(くすり)を飲(の)んでぐっすり眠(ねむ)りました。
병원에서 처방을 받은 약을 먹고 푹 잤습니다.

病気(びょうき)は直(なお)りましたが、後遺症(こういしょう)が残(のこ)りました。
병은 나았지만, 후유증이 남았습니다.

- 장애인은 体(からだ)の不自由(ふじゆう)な人(ひと), 장님은 目(め)の不自由(ふじゆう)な人(ひと), 청각장애인은 耳(みみ)の不自由(ふじゆう)な人(ひと)이다.
- 한방약은 漢方薬(かんぽうやく), 안약은 目薬(めぐすり), 가루약은 粉薬(こなぐすり), 정제는 錠剤(じょうざい), 캡슐은 カプセル, 내복약은 飲(の)み薬(ぐすり), 바르는 약은 塗(ぬ)り薬(ぐすり), 연고는 軟膏(なんこう), 수면제는 睡眠剤(すいみんざい), 반창고는 絆創膏(ばんそうこう)이다.
- 그 외에 치통은 歯痛(はいた), 화농은 喘息(ぜんそく), 볼거리는 おたふくかぜ, 수두는 水疱瘡(みずぼうそう), 홍역은 はしか, 유행성감기는 インフルエンザ, 응급처치는 応急処置(おうきゅうしょち), 의식불명은 意識不明(いしきふめい), 후유증은 後遺症(こういしょう), 식물인간은 植物人間(しょくぶつにんげん)이다.

필수동사 정리 11

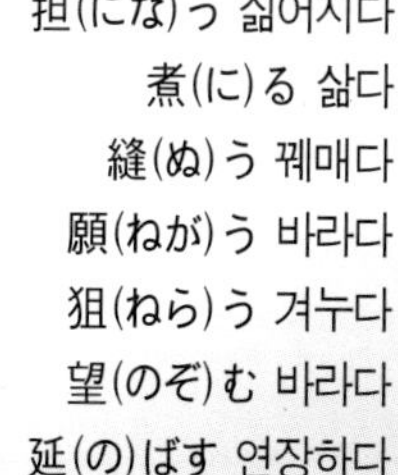

担(にな)う 짊어지다
煮(に)る 삶다
縫(ぬ)う 꿰매다
願(ねが)う 바라다
狙(ねら)う 겨누다
望(のぞ)む 바라다
延(の)ばす 연장하다
伸(の)びる 펴지다
延(の)びる 길어지다
述(の)べる 말하다
上(のぼ)る 오르다
昇(のぼ)る 높이 오르다

058 病院 병원

A

びょういん
にゅういん
たいいん
ちりょう
ちゅうしゃ
しゅじゅつ
けんさ

B

ないか
げか
がんか
しょうにか
さんふじんか
ひふか
せいしんか

C

びょうしつ
びょうとう
きゅうきゅうしゃ
きゅうきゅうしつ
けんこうしんだん
いりょうほけん
けつえきがた

D

ますい
レントゲン
ほうたい
なんこう
はり
きゅう
しょうどく

1	びょういん	病院	병원
2	にゅういん	入院	입원
3	たいいん	退院	퇴원
4	ちりょう	治療	치료
5	ちゅうしゃ	注射	주사
6	しゅじゅつ	手術	수술
7	けんさ	検査	검사
8	ないか	内科	내과
9	げか	外科	외과
10	がんか	眼科	안과
11	しょうにか	小児科	소아과
12	さんふじんか	産婦人科	산부인과
13	ひふか	皮膚科	피부과
14	せいしんか	精神科	정신과
15	びょうしつ	病室	병실
16	びょうとう	病棟	병동
17	きゅうきゅうしゃ	救急車	구급차
18	きゅうきゅうしつ	救急室	응급실
19	けんこうしんだん	健康診断	건강진단
20	いりょうほけん	医療保険	의료보험
21	けつえきがた	血液型	혈액형
22	ますい	麻酔	마취
23	レントゲン	Rontgen(독)	엑스레이
24	ほうたい	包帯	붕대
25	なんこう	軟膏	연고
26	はり	針	침
27	きゅう	灸	뜸
28	しょうどく	消毒	소독

example

怪我(けが)が治(なお)ったので、病院(びょういん)から退院(たいいん)しました。
상처가 나아서 병원에서 퇴원했습니다.

私(わたし)の血液型(けつえきがた)はA型(かた)です。
나의 혈액형은 A형입니다.

救急車(きゅうきゅうしゃ)で救急室(きゅうきゅうしつ)に運(はこ)ばれました。
구급차로 응급실에 실려 갔습니다.

お見舞(みま)いに来(き)ましたが病室(びょうしつ)は何号室(なんごうしつ)ですか。
문병을 왔습니다만, 병실은 몇 호실입니까?

しきりに、入院(にゅういん)と退院(たいいん)を繰(く)り返(か)えしました。
계속 입원과 퇴원을 반복했습니다.

- 이비인후과는 耳鼻科(じびか), 성형외과는 形成外科(けいせいげか), 정형외과는 整形外科(せいけいげか), 접골원은 接骨院(せっこついん)이다.
- 병원에 가다는 病院(びょういん)に行(い)く, 다니다는 通(かよ)う, 통원하다는 通院(つういん)する이다.
- 치과는 歯科(しか)라고도 歯医者(はいしゃ)라고도 한다.
- 그 외에 주치의는 主治医(しゅじい), 담당의사는 担当医(たんとうい), 돌팔이는 やぶ医者(いしゃ), 진료카드는 カルテ, 조제는 調剤(ちょうざい), 처방전은 処方箋(しょほうせん), 호스피스는 ホスピス, 회진은 回診(かいしん), 문병은 お見舞(みま)い, 면회는 面会(めんかい)이다.

필수동사 정리 12

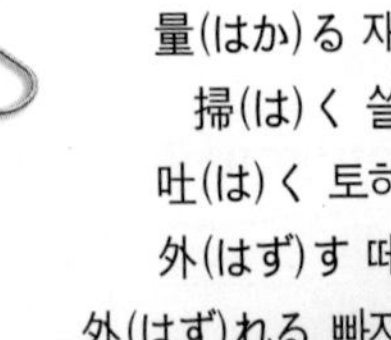

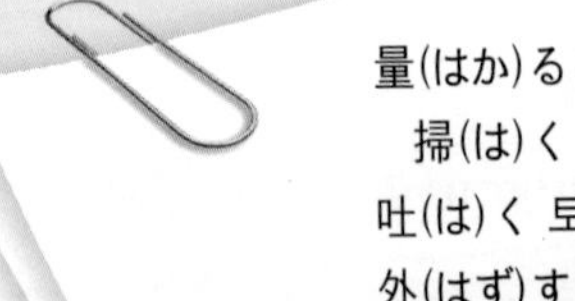

量(はか)る 재다
掃(は)く 쓸다
吐(は)く 토하다
外(はず)す 떼다
外(はず)れる 빠지다
離(はな)す 떼다
放(はな)す 놓다
払(はら)う 지불하다
引(ひ)っ張(ぱ)る 잡아끌다
ひねくれる 비뚤어지다
冷(ひ)やす 차게 하다
拭(ふ)く 닦다

教育 교육

A

- がくせい
- せいと
- せんせい
- きょうし
- きょうじゅ
- こうし

B

- ようちえん
- ほいくえん
- しょうがっこう
- ちゅうがっこう
- こうこう
- だいがく
- たんきだいがく

C

- せんもんがっこう
- にゅうがく
- にゅうがくしき
- そつぎょう
- そつぎょうしき
- じゅく
- がくしゅうじゅく
- よびこう

D

- だいがくいん
- そうごうだいがく
- たんきだいがく
- せんもんがっこう
- ごがくじゅく
- がくいん
- りゅうがく

1	がくせい	学生	학생
2	せいと	生徒	학생
3	せんせい	先生	선생님
4	きょうし	教師	교사
5	きょうじゅ	教授	교수
6	こうし	講師	강사
7	ようちえん	幼稚園	유치원
8	ほいくえん	保育園	보육원
9	しょうがっこう	小学校	초등학교
10	ちゅうがっこう	中学校	중학교
11	こうこう	高校	고등학교
12	だいがく	大学	대학교
13	たんきだいがく	短期大学	전문대학
14	せんもんがっこう	専門学校	전문학원
15	にゅうがく	入学	입학
16	にゅうがくしき	入学式	입학식
17	そつぎょう	卒業	졸업
18	そつぎょうしき	卒業式	졸업식
19	じゅく	塾	학원
20	がくしゅうじゅく	学習塾	보습학원
21	よびこう	予備校	입시학원
22	だいがくいん	大学院	대학원
23	そうごうだいがく	総合大学	종합대학
24	たんきだいがく	短期大学	전문대학
25	せんもんがっこう	専門学校	전문학원
26	ごがくじゅく	語学塾	어학원
27	がくいん	学院	학원
28	りゅうがく	留学	유학

example

娘(むすめ)の小学校(しょうがっこう)の入学式(にゅうがくしき)に行(い)ってきました。
딸의 초등학교 입학식에 다녀왔습니다.

子供(こども)を月(げつ)、水(すい)、金(きん)、学習塾(がくしゅうじゅく)に通(かよ)わせています。
아이를 월수금 보습학원에 보내고 있습니다.

僕(ぼく)の夢(ゆめ)は高校(こうこう)で日本語を(にほんご)教(おし)えることです。
내 꿈은 고등학교에서 일본어를 가르치는 것입니다.

英語(えいご)の教師(きょうし)を目指(めざ)しています。
영어 교사를 목표로 하고 있습니다.

日本(にほん)に留学(りゅうがく)に行(い)く準備(じゅんび)をしていますか。
일본에 유학 갈 준비를 하고 있습니까?

- 児童(じどう)는 초등학생, 生徒(せいと)는 중고생, 学生(がくせい)은 대학생 이상이다.
- 고등학교를 高校(こうこう)라고 하는데 원래 高等学校(こうとうがっこう)의 줄임말이다.
- 전문대학은 短大(たんだい)라고 하고, 여자대학은 女子大(じょしだい)라고 한다.
- 短期大学(たんきだいがく)은 우리의 전문대학, 専門学校(せんもんがっこう)은 전문학원이다.
- 예체능계 학원은 教室(きょうしつ)를 붙여 나타낸다. 피아노학원은 ピアノ教室(きょうしつ), 수영학원은 水泳教室(すいえいきょうしつ), 주산학원은 そろばん教室(きょうしつ)이다.
- 勉強会(べんきょうかい)는 스터디를 말한다.

필수동사 정리 13

膨(ふく)らむ 불룩해지다
防(ふせ)ぐ 막다
太(ふと)る 살찌다
増(ふ)やす 늘리다
減(へ)らす 줄이다
減(へ)る 줄다
吠(ほ)える 짖다
干(ほ)す 말리다
掘(ほ)る 파다
彫(ほ)る 새기다
任(まか)せる 맡기다
混(ま)ぜる 섞다

060 勉強 공부

A

べんきょう
よしゅう
ふくしゅう
しゅくだい
ちしき
けんきゅう
どりょく

B

はっけん
はつめい
ちのう
さいのう
てんさい
しゅうし
はかせ

C

こくご
えいご
すうがく
かがく
かがく
ぶつり
せいぶつ

D

びじゅつ
たいいく
おんがく
しゃかい
れきし
かてい
りんり

1	べんきょう	勉強	공부
2	よしゅう	予習	예습
3	ふくしゅう	復習	복습
4	しゅくだい	宿題	숙제
5	ちしき	知識	지식
6	けんきゅう	研究	연구
7	どりょく	努力	노력
8	はっけん	発見	발견
9	はつめい	発明	발명
10	ちのう	知能	지능
11	さいのう	才能	재능
12	てんさい	天才	천재
13	しゅうし	修士	석사
14	はかせ	博士	박사
15	こくご	国語	국어
16	えいご	英語	영어
17	すうがく	数学	수학
18	かがく	科学	과학
19	かがく	化学	화학
20	ぶつり	物理	물리
21	せいぶつ	生物	생물
22	びじゅつ	美術	미술
23	たいいく	体育	체육
24	おんがく	音樂	음악
25	しゃかい	社会	사회
26	れきし	歴史	역사
27	かてい	家庭	가정
28	りんり	倫理	윤리

example

兄(あに)はやっと修士号(しゅうしごう)を取(と)るまでになりました。
형은 드디어 석사학위를 따기까지 했습니다.

成績(せいせき)を上(あ)げるためにこれから努力(どりょく)していきたいです。
성적을 올리기 위해 앞으로도 노력해나가고 싶습니다.

英語(えいご)の辞書(じしょ)を引(ひ)きながら宿題(しゅくだい)をしました。
영어사전을 찾으면서 숙제를 했습니다.

いくつか勉強(べんきょう)の方法(ほうほう)があると思(おも)います。
몇 개의 공부방법이 있습니다.

次(つぎ)は、待(ま)ちに待(ま)った体育(たいいく)の時間(じかん)です。
다음은 기다리고 기다리던 체육시간이 시작입니다.

- 재수는 一浪(いちろう), 삼수는 二浪(にろう), 재수생은 浪人(ろうにん)이다.
- 知(し)るは 지식으로 사실을 인지하여 알다이고, 分(わ)かるは 내용과 성질과 의미를 이해하여 알아듣다이다.
- 학사는 学士(がくし), 석사는 修士(しゅうし), 박사학위는 博士(はかせ)나 博士(はくし)이다.
- 그 외에 국사는 国史(こくし), 세계사는 世界史(せかいし), 도덕은 道徳(どうとく), 철학은 哲学(てつがく), 보건은 保健(ほけん), 외국어는 外国語(がいこくご), 문과는 文科系(ぶんかけい), 이과는 理科系(りかけい), 선택과목은 選択(せんたく), 필수과목은 必修(ひっしゅう), 교양과목은 教養(きょうよう)이다.

필수동사 정리 14

交(ま)ぜる 섞다
学(まな)ぶ 배우다
招(まね)く 초래하다
守(まも)る 지키다
結(むす)ぶ 잇다
儲(もう)かる 벌리다
儲(もう)ける 벌다
申(もう)す 윗사람에게 말하다
揉(も)む 주무르다
やる 보내다
歪(ゆが)む 비뚤어지다
茹(ゆ)でる 삶다

学校 학교

A

- クラス
- きょうしつ
- ~ねんせい
- クラスメート
- はんちょう
- ちこく
- そうたい

B

- しょうがくせい
- ちゅうがくせい
- こうこうせい
- だいがくせい
- こうちょう
- たんにん
- がっき

C

- どうきゅうせい
- せんぱい
- こうはい
- きょういんしつ
- たいいくかん
- こうどう
- ほけんしつ
- りょう

D

- しょくどう
- ばいてん
- としょかん
- グラウンド
- はるやすみ
- なつやすみ
- ふゆやすみ

1	クラス	class	반
2	きょうしつ	教室	교실
3	~ねんせい	年生	~학년
4	クラスメート	classmate	반친구
5	はんちょう	班長	반장
6	ちこく	遅刻	지각
7	そうたい	早退	조퇴
8	しょうがくせい	小学生	초등학생
9	ちゅうがくせい	中学生	중학생
10	こうこうせい	高校生	고등학생
11	だいがくせい	大学生	대학생
12	こうちょう	校長	교장
13	たんにん	担任	담임
14	がっき	学期	학기
15	どうきゅうせい	同級生	동갑
16	せんぱい	先輩	선배
17	こうはい	後輩	후배
18	きょういんしつ	教員室	교무실
19	たいいくかん	体育館	체육관
20	こうどう	講堂	강당
21	ほけんしつ	保健室	양호실
22	りょう	寮	기숙사
23	しょくどう	食堂	식당
24	ばいてん	売店	매점
25	としょかん	図書館	도서관
26	グラウンド	ground	운동장
27	はるやすみ	春休み	봄방학
28	なつやすみ	夏休み	여름방학

example

楽(たの)しい楽(たの)しい冬休み(ふゆやすみ)が始(はじ)まろうとしている。
즐겁고 즐거운 겨울방학이 시작하려고 한다.

家(いえ)が遠(とお)いので、学校(がっこう)の寮(りょう)に住(す)んでいます。
집이 멀어서 학교 기숙사에 살고 있습니다.

1年(ねん)浪人(ろうにん)して、ようやく大学(だいがく)に合格(ごうかく)しました。
1년 재수해서 겨우 대학에 합격했습니다.

この学校(がっこう)の食堂(しょくどう)はどうですか。
이 학교의 식당은 어떻습니까?

妹(いもうと)は中学校(ちゅうがっこう)の二年生(にねんせい)です。
여동생은 중학교 2학년입니다.

- 반은 クラス라고도 組(くみ)라고도 한다.
- 저학년은 低学年(ていがくねん), 고학년은 高学年(こうがくねん), 1학기는 前期(ぜんき), 2학기는 後期(こうき)이다.
- 사범대는 教育学部(きょういくがくぶ), 의대는 医学部(いがくぶ), 공대는 工学部(こうがくぶ), 상대는 商学部(しょうがくぶ), 경제학부는 経済学部(けいざいがくぶ), 음대는 音楽学部(おんがくがくぶ)이다.
- 그 외에 겨울방학은 冬休(ふゆやす)み, 신학기는 新学期(しんがっき), 학점은 単位(たんい), 장학생은 奨学生(しょうがくせい), 장학금은 奨学金(しょうがくきん), 개교기념일은 開校記念日(かいこうきねんび), 개강파티는 新歓(しんかん)コンパ나 新入生(しんにゅうせい)歓迎(かんげい)コンパ, 학비는 学費(がくひ), 수업료는 授業料(じゅぎょうりょう), 합격은 合格(ごうかく), 수험은 受験(じゅけん), 시간표는 時間割(じかんわ)り이다.

필수동사 정리 15

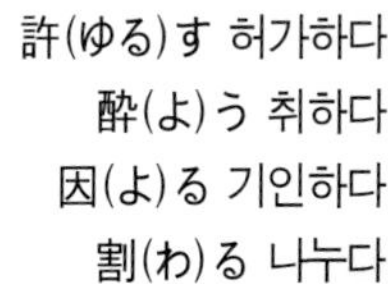

許(ゆる)す 허가하다
酔(よ)う 취하다
因(よ)る 기인하다
割(わ)る 나누다

062 授業 수업

A

じゅぎょう
きょうしつ
しゅくだい
しけん
テスト
きょうかしょ
さんこうしょ

B

もんだい
せいかい
せいせき
しゅっせき
けっせき
こうぎ
こうざ

C

しつもん
こたえ
せつめい
レポート
プリント
せいせきつうちひょう
せんこう

D

ほうかご
ひっしゅうかもく
ていしゅつ
じゅぎょうりょう
クラブかつどう
ふけい
がっけい

1	じゅぎょう	授業	수업
2	きょうしつ	教室	교실
3	しゅくだい	宿題	숙제
4	しけん	試験	시험
5	テスト	test	시험
6	きょうかしょ	教科書	교과서
7	さんこうしょ	参考書	참고서
8	もんだい	問題	문제
9	せいかい	正解	정답
10	せいせき	成績	성적
11	しゅっせき	出席	출석
12	けっせき	欠席	결석
13	こうぎ	講義	강의
14	こうざ	講座	강좌
15	しつもん	質問	질문
16	こたえ	答え	대답
17	せつめい	説明	설명
18	レポート	report	레포트
19	プリント	print	프린트
20	せいせきつうちひょう	成績通知表	성적표
21	せんこう	専攻	전공
22	ほうかご	放課後	방과후
23	ひっしゅうかもく	必修科目	필수과목
24	ていしゅつ	提出	제출
25	じゅぎょうりょう	授業料	수업료
26	クラブかつどう	クラブ活動	클럽활동
27	ふけい	父兄	학부형
28	がっけい	学兄	학형

example

教室(きょうしつ)で授業(じゅぎょう)が行(おこな)われています。
교실에서 수업이 행해지고 있습니다.

レポートはいつまで出(だ)せばいいですか。
레포트는 언제까지 내면 됩니까?

試験(しけん)でいい点(てん)を取(と)ったので、とても嬉(うれ)しいです。
시험에서 좋은 점수를 받아서 무척 기쁩니다.

毎日(まいにち)少(すこ)しずつ復習(ふくしゅう)しなければなりません。
매일 조금씩 복습해야만합니다.

あなたの専攻(せんこう)は何(なん)ですか。
당신의 전공은 무엇입니까?

- 성적표는 成績表(せいせきひょう), 通知表(つうちひょう), 通信簿(つうしんぼ)라고도 한다.
- 教科書(きょうかしょ)는 책으로 이루어진 교과서, テキスト는 교과서의 기능을 하는 자료까지 포함한다.
- 제자는 회화체로는 教(おし)え子(ご), 문어체로는 弟子(でし)이다.
- 같은 학급의 학생은 同級生(どうきゅうせい), クラスメート이다.
- 그 외에 중간고사는 中間試験(ちゅうかんしけん), 기말고사는 期末試験(きまつしけん), 쪽지시험은 小(しょう)テスト, 재시험은 再試(さいし), 해답은 解答(かいとう), 채점은 採点(さいてん), 성적은 成績(せいせき), 벼락치기는 一夜漬(いちやづ)け, 커닝은 カンニング, 답안지는 答案用紙(とうあんようし)이다.

기초부사 정리 1

あいかわらず 변함없이
あいにく 공교롭게도
あっさり 산뜻하게, 시원스레
あまり 그다지, 너무나
あんがい 의외로
いかが 어떻게
いきなり 갑자기
いちおう 우선
いろいろ 여러 가지
おのおの 각각
おもいきり 힘껏
おもわず 엉겁결에

学問 학문

A

がくもん
がくしゃ
がっかい
がっかい
じんもん
ぶんがく
こくぶんがく

B

えいべいぶんがく
てつがく
きょういくがく
しんりがく
じんるいがく
けいざいがく
けいえいがく

C

しゃかいがく
てんもんがく
ぶつりがく
せいりがく
せいぶつがく
こうがく

D

いでんがく
かがく
かがく
いがく
げいじゅつ
びじゅつ
こうこがく

1	がくもん	学問	학문
2	がくしゃ	学者	학자
3	がっかい	学界	학계
4	がっかい	学会	학회
5	じんもん	人文	인문
6	ぶんがく	文学	문학
7	こくぶんがく	国文学	국문학
8	えいべいぶんがく	英米文学	영문학
9	てつがく	哲学	철학
10	きょういくがく	教育学	교육학
11	しんりがく	心理学	심리학
12	じんるいがく	人類学	인류학
13	けいざいがく	経済学	경제학
14	けいえいがく	経営学	경영학
15	しゃかいがく	社会学	사회학
16	てんもんがく	天文学	천문학
17	ぶつりがく	物理学	물리학
18	せいりがく	生理学	생리학
19	せいぶつがく	生物学	생물학
20	こうがく	工学	공학
21	いでんがく	遺伝学	유전학
22	かがく	科学	과학
23	かがく	化学	화학
24	いがく	医学	의학
25	げいじゅつ	芸術	예술
26	びじゅつ	美術	미술
27	こうこがく	考古学	고고학
28			

example

学者(がくしゃ)は学問(がくもん)を研究(けんきゅう)する人(ひと)です。
학자는 학문을 연구하는 사람입니다.

化学(かがく)を専攻(せんこう)していますが、おもしろいです。
화학을 전공하고 있는데 재미있습니다.

経済学(けいざいがく)の立場(たちば)から見(み)てみましょう。
경제학의 입장에서 봐봅시다.

今日(こんにち)の医学(いがく)の発展(はんてん)は目覚(めざ)ましいです。
오늘날 의학의 발전은 눈부십니다.

今朝(けさ)教育学(きょういくがく)の試験(しけん)がありました。
오늘아침에 교육학 시험이 있었습니다.

- 배우다는 習(なら)う, 가르치다는 教(おし)える, 이해하다는 理解(りかい)する, 납득하다는 納得(なっとく)する이다.
- 그 외에 교육은 教育(きょういく), 공부는 勉強(べんきょう), 독학은 独学(どくがく), 유학은 留学(りゅうがく), 사학은 史学(しがく), 물리화학은 物理化学(ぶつりかがく), 광학은 光学(こうがく), 무기화학은 無機化学(むきかがく), 유기화학은 有機化学(ゆうきかがく)이다.

기초부사 정리 2

かならず 꼭, 반드시
かなり 꽤
きっと 반드시
きっぱり 단호히
きゅうに 갑자기
きわめて 지극히
ぐうぜん 우연히
けっこう 제법
けっして 결코
さすが 과연
さっそく 즉시
さらに 더욱이

064 歴史 역사

A

れきし
ぶんか
ぶんめい
げんご
じだい
いさん
へんか

B

こだい
ちゅうせい
きんせい
きんだい
げんだい
はったつ
はってん

C

じょうきょう
いさん
いせき
はんえい
ほぞん
かいぜん
けいしょう

D

でんとう
いじ
ほご
はめつ
めつぼう
とうそう
でんたつ

1	れきし	歴史	역사
2	ぶんか	文化	문화
3	ぶんめい	文明	문명
4	げんご	言語	언어
5	じだい	時代	시대
6	いさん	遺産	유산
7	へんか	変化	변화
8	こだい	古代	고대
9	ちゅうせい	中世	중세
10	きんせい	近世	근세
11	きんだい	近代	근대
12	げんだい	現代	현대
13	はったつ	発達	발달
14	はってん	発展	발전
15	じょうきょう	状況	상황
16	いさん	遺産	유산
17	いせき	遺跡	유적
18	はんえい	反映	번영
19	ほぞん	保存	보존
20	かいぜん	改善	개선
21	けいしょう	継承	계승
22	でんとう	伝統	전통
23	いじ	維持	유지
24	ほご	保護	보호
25	はめつ	破滅	파멸
26	めつぼう	滅亡	멸망
27	とうそう	闘争	투쟁
28	でんたつ	伝達	전달

example

古代遺産(こだいいさん)を守(まも)り、残(のこ)していかなければなりません。
고대유산을 지키고 남겨야만 합니다.

歴史(れきし)は繰(く)り返(かえ)す、とよく言(い)われます。
역사는 반복된다고 자주 말해집니다.

時代(じだい)の変化(へんか)を見逃(みのが)さないように。
시대의 변화를 놓치지 말 것.

港(みなと)を通(つう)じて、文化(ぶんか)の交流(こうりゅう)が始(はじ)まりました。
항구를 통해 문화교류가 시작됐습니다.

私(わたし)は大学(だいがく)で言語学(けんごがく)を専攻(せんこう)しました。
나는 대학에서 언어학을 전공했습니다.

- 세기는 世紀(せいき), 반세기는 半世紀(はんせいき), 사반세기는 四半世紀(しはんせいき), 기원전은 紀元前(きげんぜん), 기원후는 紀元後(きげんご)이다.
- 남다는 残(のこ)る, 남기다는 残(のこ)す, 유지하다는 保(たも)つ, 지키다는 守(まも)る, 반복하다는 繰(く)り返(かえ)す, 계승하다는 受(う)け継(つ)ぐ이다.

기초부사 정리 3

さっき 아까
しっかり 확실히
じつに 실로
しばらく 잠깐, 당분간
ずいぶん 아주
すぐ 곧, 바로
すこし 조금
すっかり 모두, 완전히
ずっと 쭉, 훨씬
すでに 이미
すべて 모두
せいぜい 기껏

数学 수학

065

A

すうがく
けいさん
たしざん
ひきざん
かけざん
わりざん
くく

B

えん
てん
せん
まる
さんかく
しかく
ちょっかく

C

とうけい
あんざん
ひりつ
ぶんすう
ぶんぷ
りょう
めんせき

D

だえんけい
せいほうけい
ちょうほうけい
えんけい
さんかっけい
ひしがた

1	すうがく	数学	수학
2	けいさん	計算	계산
3	たしざん	たし算	더하기
4	ひきざん	引き算	빼기
5	かけざん	かけ算	곱하기
6	わりざん	わり算	나누기
7	くく	九九	구구단
8	えん	円	동그라미
9	てん	点	점
10	せん	線	선
11	まる	丸	동그라미
12	さんかく	三角	삼각
13	しかく	四角	사각
14	ちょっかく	直角	직각
15	とうけい	統計	통계
16	あんざん	暗算	암산
17	ひりつ	比率	비율
18	ぶんすう	分数	분수
19	ぶんぷ	分布	분포
20	りょう	量	양
21	めんせき	面積	면적
22	だえんけい	楕円形	타원형
23	せいほうけい	正方形	정사각형
24	ちょうほうけい	長方形	직사각형
25	えんけい	円形	원형
26	さんかっけい	三角形	삼각형
27	ひしがた	ひし形	마름모
28			

example

一番(いちばん)苦手(にがて)な科目(かもく)は数学(すうがく)です。
가장 못하는 과목은 수학입니다.

公式(こうしき)は暗記(あんき)して計算(けいさん)しなければなりません。
공식은 암기해서 계산해야만 합니다.

先生(せんせい)が生徒(せいと)にたし算(ざん)とかけ算(ざん)をさせました。
선생님이 학생에게 더하기와 곱하기를 시켰습니다.

1の段(だん)から9の段(だん)まで、九九(くく)を覚(おぼ)えましょう。
1단부터 9단까지 구구단을 외웁시다.

あの彫刻(ちょうこく)は正方形(せいほうけい)ですか。
저 조각은 정사각형입니까?

- 이상은 以上(いじょう), 이하는 以下(いか), 미만은 未満(みまん), 평균은 平均(へいきん)이다.
- 홀수는 奇数(きすう), 짝수는 偶数(ぐうすう), 더하다는 足(た)す, 빼다는 引(ひ)く, 곱하다는 かける, 나누다는 割(わ)る, 세다는 数(かぞ)える, 계산하다는 計算(けいさん)する, 암산하다는 暗算(あんざん)する이다.
- 그 외에 개념은 概念(がいねん), 정의는 定義(ていぎ), 법칙은 法則(ほうそく), 규칙은 規則(きそく), 가로는 横(よこ), 세로는 縦(たて), 분수는 分数(ぶんすう), 소수는 少数(しょうすう), 정수는 整数(せいすう), 식은 式(しき), 공식은 公式(こうしき), 선그래프는 線(せん)グラフ, 방정식은 方定式(ほうていしき)이다.

기초부사 정리 4

ぜったい 절대로
ぜひ 제발
ぜんぜん 전혀
そうとう 상당히
そっくり 전부
そっと 살짝
だいたい 대체로, 대강
たいぶ 꽤
たいへん 매우
ただ 다만
たぶん 아마
ちゃんと 정확히, 착실하게

066 言語 언어

A

げんご
かいわ
はつおん
アクセント
イントネーション
スピーチ
つうやく

B

ぶんしょう
さくぶん
ほんやく
はなしことば
かきことば
たいわ
とうろん

C

ひょうじゅんご
ほうげん
なまり
ぞくご
ことわざ
かんようく
よじじゅくご

D

がいこくご
ぼこくご
わらいばなし
じょうだん
ジョーク
ようやく
いんよう

1	げんご	言語	언어
2	かいわ	会話	회화
3	はつおん	発音	발음
4	アクセント	accent	악센트
5	イントネーション	intonation	억양
6	スピーチ	speech	스피치
7	つうやく	通訳	통역
8	ぶんしょう	文章	문장
9	さくぶん	作文	작문
10	ほんやく	翻訳	번역
11	はなしことば	話し言葉	회화체
12	かきことば	書き言葉	문장체
13	たいわ	対話	대화
14	とうろん	討論	토론
15	ひょうじゅんご	標準語	표준어
16	ほうげん	方言	방언
17	なまり		사투리
18	ぞくご	俗語	속어
19	ことわざ	諺	속담
20	かんようく	慣用句	관용구
21	よじじゅくご	四字熟語	사자숙어
22	がいこくご	外国語	외국어
23	ぼこくご	母国語	모국어
24	わらいばなし	笑い話	우스갯소리
25	じょうだん	冗談	농담
26	ジョーク	joke	조크
27	ようやく	要約	요약
28	いんよう	引用	인용

example

フランス語(ご)の会話(かいわ)の授業(じゅぎょう)が始(はじ)まりました。
프랑스어 회화수업이 시작되었습니다.

家(いえ)で毎日(まいにち)、発音(はつおん)の練習(れんしゅう)をしなさい。
집에서 매일 발음연습을 하세요.

生年月日(せいねんがっぴ)を言(い)ってください。
생년월일을 말해주세요.

それでは今(いま)から、自己紹介(じこしょうかい)をします。
그럼 지금부터 자기소개를 하겠습니다.

- 議論(ぎろん)과 論議(ろんぎ)는 의논과 논의로 논쟁의 의미가 강하고, 討論(とうろん)은 보편적인 토론, 話(はな)し合(あ)い는 교섭, 상담이다.
- 그 외에 히라가나는 平仮名(ひらがな), 가타까나는 片仮名(かたかな), 원어민은 ネイティブスピーカー, 속어는 スラング, 외래어는 外来語(がいらいご), 경어는 敬語(けいご), 존경어는 尊敬語(そんけいご), 겸양어는 謙譲語(けんじょうご)이다.

기초부사 정리 5

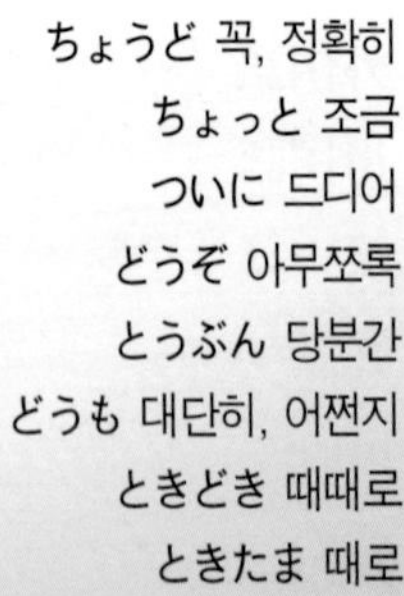

ちょうど 꼭, 정확히
ちょっと 조금
ついに 드디어
どうぞ 아무쪼록
とうぶん 당분간
どうも 대단히, 어쩐지
ときどき 때때로
ときたま 때로
ときには 때로는
とつぜん 갑자기
どっちみち 어떻든

chapter 7

경제와 정치

067 経済 경제

A

けいざい
じゅよう
きょうきゅう
せいさん
しょうひ
ししゅつ
ひよう

B

きぎょう
りえき
ぶっか
ふきょう
あかじ
くろじ
けいき

C

ふけいき
ぎじゅつ
しょうひん
ひんしつ
じぎょう
しきん
ぼうえき

D

とりひき
したうけ
しょうじ
どくせん
ほんしゃ
してん
ふわたり

1	けいざい	経済	경제
2	じゅよう	需要	수요
3	きょうきゅう	供給	공급
4	せいさん	生産	생산
5	しょうひ	消費	소비
6	ししゅつ	支出	지출
7	ひよう	費用	비용
8	きぎょう	企業	기업
9	りえき	利益	이익
10	ぶっか	物価	물가
11	ふきょう	不況	불황
12	あかじ	赤字	적자
13	くろじ	黒字	흑자
14	けいき	景気	경기
15	ふけいき	不景気	불경기
16	ぎじゅつ	技術	기술
17	しょうひん	商品	상품
18	ひんしつ	品質	품질
19	じぎょう	事業	사업
20	しきん	資金	자금
21	ぼうえき	貿易	무역
22	とりひき	取引	거래
23	したうけ	下請	하청
24	しょうじ	商事	상사
25	どくせん	独占	독점
26	ほんしゃ	本社	본사
27	してん	支店	지점
28	ふわたり	不渡り	부도

example

需要(じゅよう)に比(くら)べて供給(きょうきゅう)が多(おお)すぎます。
수요에 비해 공급이 너무 많습니다.

不景気(ふけいき)で会社(かいしゃ)から首(くび)になりました。
불경기로 회사에서 해고가 되었습니다.

利益(りえき)がないので、その会社(かいしゃ)との取引(とりひき)を辞(や)めました。
이익이 없어서 그 회사와의 거래를 끊었습니다.

これから中国(ちゅうごく)へ事業(じぎょう)を広(ひろ)げるつもりです。
앞으로 중국으로 사업을 넓힐 생각입니다.

赤字(あかじ)が出(で)て不渡り(ふわたり)になりました。
적자가 생겨 부도가 났습니다.

- 수요는 ニーズ라고도 한다.
- 호황이라는 단어는 따로 없고 景気(けいき)がいい(경기가 좋다)로 표현한다.
- 거품경제는 バブル経済(けいざい), 거품파괴는 バブル崩壊(ほうかい)라고 한다.
- 그 외에 인플레이션은 インフレ, 디플레이션은 デフレ, 소매가격은 小売価格(こうりかかく), 도매가격은 卸売(おろしう)り価格(かかく), 시장가격은 市場価格(しじょうかかく), 판매가격은 販売価格(はんばいかかく)이다.

기초부사 정리 6

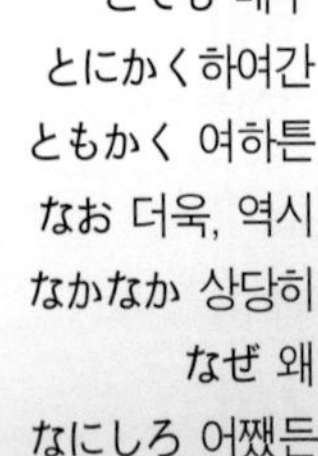

とても 매우
とにかく 하여간
ともかく 여하튼
なお 더욱, 역시
なかなか 상당히
なぜ 왜
なにしろ 어쨌든
なんで 왜

はじめて 비로소
はっきり 분명히
ぴったり 꼭, 착
ふたたび 다시, 재차

ビジネス 비즈니스

A

ビジネス
しごと
ぼうえき
ゆしゅつ
ゆにゅう
バイヤー
しょうだん

B

エージェント
エージェンシー
せいこう
しっぱい
しほん
とうし
りえき

C

こうぞう
せいど
そしき
とりひき
とりひきさき
きぎょう
しょくむ

D

つうか
しょとく
かち
ふさい
とうさん
はさん
こうしょう

1	ビジネス	business	비즈니스
2	しごと	仕事	일
3	ぼうえき	貿易	무역
4	ゆしゅつ	輸出	수출
5	ゆにゅう	輸入	수입
6	バイヤー	buyer	바이어
7	しょうだん	商談	비즈니스상담
8	エージェント	agent	에이전트
9	エージェンシー	agency	에이전시
10	せいこう	成功	성공
11	しっぱい	失敗	실패
12	しほん	資本	자본
13	とうし	投資	투자
14	りえき	利益	이익
15	こうぞう	構造	구조
16	せいど	制度	제도
17	そしき	組織	조직
18	とりひき	取引	거래
19	とりひきさき	取引先	거래처
20	きぎょう	企業	기업
21	しょくむ	職務	직무, 일
22	つうか	通貨	통화
23	しょとく	所得	소득
24	かち	価値	가치
25	ふさい	負債	부채
26	とうさん	倒産	도산
27	はさん	破産	파산
28	こうしょう	交渉	교섭

example

会社(かいしゃ)の利益(りえき)に貢献(こうけん)したので昇進(しょうしん)しました。
회사의 이익에 공헌했으므로 승진을 했습니다.

失敗(しっぱい)を恐(おそ)れなかったことが成功(せいこう)へとつながりました。
실패를 두려워하지 않은 것이 성공으로 이루어졌습니다.

今(いま)まで貿易会社(ぼうえきがいしゃ)に勤(つと)めてきました。
지금까지 무역회사에 근무해왔습니다.

課長(かちょう)は今(いま)取引先(とりひきさき)に出(で)かけております。
과장님은 지금 거래처에 나가 계십니다.

去年(きょねん)から出版企画(しゅっぱんきかく)エージェンシーを営(いとな)んでいます。
작년부터 출판기획에이전시를 운영하고 있습니다.

- 会議(かいぎ)는 일반적인 회의이고, ミーティング는 회합이고, コンパ는 비용이 공동부담인 친목회이다.
- 그 외에 결산은 決算(けっさん), 투자는 投資(とうし), 주식은 株式(かぶしき), 증권은 証券(しょうけん), 구인은 求人(きゅうじん), 구직은 求職(きゅうしょく), 고용은 雇用(こよう), 합병은 合併(がっぺい), 업적은 業績(ぎょうせき), 실적은 実績(じっせき), 특허는 特許(とっきょ), 신용은 信用(しんよう), 하청은 下請(したうけ), 경쟁력은 競争力(きょうそうりょく)이다.

기초부사 정리 7

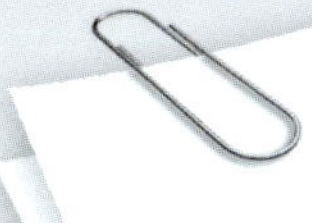

ほとんど 거의
ほんとうに 정말로
ぼんやり 아련히
まさか 설마
まず 우선
また 다시
まだ 아직
まっすぐ 곧장
まるで 마치
みずから 스스로
むしろ 차라리
めっきり 현저히

069 会社 회사

A

かいしゃ
しゃちょう
ふくしゃちょう
かちょう
ぶちょう
ひしょ
かいちょう

B

しゅっきん
たいしゃ
きゅうりょう
げっきゅう
ちんぎん
しゅっちょう
しゅうしょく

C

じょうし
ぶか
ボーナス
ざんぎょう
しょうしん
たいしょく
じしょく

D

えいぎょうぶ
じんじか
そうむか
けいりか
えいぎょうがかり
そうむがかり
とりしまりやく

1	かいしゃ	会社	회사
2	しゃちょう	社長	사장
3	ふくしゃちょう	副社長	부사장
4	かちょう	課長	과장
5	ぶちょう	部長	부장
6	ひしょ	秘書	비서
7	かいちょう	会長	회장
8	しゅっきん	出勤	출근
9	たいしゃ	退社	퇴근
10	きゅうりょう	給料	급료
11	げっきゅう	月給	월급
12	ちんぎん	賃金	임금
13	しゅっちょう	出張	출장
14	しゅうしょく	就職	취직
15	じょうし	上司	상사
16	ぶか	部下	부하
17	ボーナス	bonus	보너스
18	ざんぎょう	残業	잔업
19	しょうしん	昇進	승진
20	たいしょく	退職	퇴직
21	じしょく	辞職	사직
22	えいぎょうぶ	営業部	영업부
23	じんじか	人事課	인사과
24	そうむか	総務課	총무과
25	けいりか	経理課	경리과
26	えいぎょうがかり	営業係	영업담당
27	そうむがかり	総務係	총무담당
28	とりしまりやく	取締役	이사

example

私(わたくし)は貿易会社(ぼうえきがいしゃ)に勤(つと)めています。
저는 무역회사에 근무하고 있습니다.

仕事(しごと)でミスをして、課長(かちょう)に叱(しか)られました。
일에서 실수를 해서 과장님에게 혼났습니다.

いつも午後(ごご)6時(ろくじ)に退社(たいしゃ)します。
항상 오후 6시에 퇴근합니다.

今(いま)まで頂(いただ)いていない、残業(ざんぎょう)手当(てあ)てをくださいませんか。
지금까지 받지 않은 잔업 수당을 주시겠습니까?

今日(きょう)は待(ま)ちに待(ま)った給料日(きゅうりょうび)です。
오늘은 기다리고 기다리던 월급날입니다.

- 사장님은 社長(しゃちょう)さん이 아니라 社長(しゃちょう)라고 부르고, 대표이사는 代表(だいひょう)取締役(とりしまりやく)이다.
- 주식회사는 株式会社(かぶしきがいしゃ), 무역회사는 貿易会社(ぼうえきがいしゃ), 의류회사는 衣類会社(いるいがいしゃ), 편집회사는 編集会社(へんしゅうがいしゃ)이다.
- 給料(きゅうりょう)는 월급의 회화체이고, 給与(きゅうよ)는 월급의 문어체이다.
- 그 외에 세무는 税務(ぜいむ), 홍보는 広報(こうほう), 회계는 会計(かいけい), 재무는 財務(ざいむ), 직함은 肩書(かたが)き, 수당은 手当(てあ)て, 야근은 夜勤(やきん), 월급날은 給料日(きゅうりょうび), 구조조정은 リストラ, 실업은 失業(しつぎょう), 정년퇴직은 定年退職(ていねんたいしょく)이다.

기초부사 정리 8

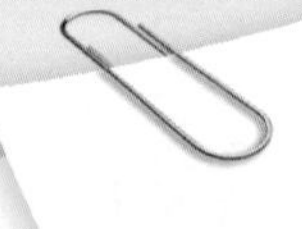

もういちど 한번 더
もちろん 물론
もっと 더욱
もっとも 가장
もっぱら 오로지
もはや 벌써
やっと 겨우
やっぱり 역시
ゆっくり 천천히, 여유있게
ゆったり 헐겁게, 느긋하게
ようやく 차츰, 점차로
よく 잘
より 보다
わずか 겨우

商売 장사

070

A

しょうばい
しょうひん
しなもの
せいひん
はんばい
ねだん
こうにゅう

B

ていか
セール
わりびき
せつやく
しょうぎょう
えいぎょう
けいえい

C

こうり
おろしうり
うりば
やといぬし
しゅうぎょういん
おとくいさん
しはらい

D

うりきれ
うれゆき
ざいこ
りょうしゅうしょう
うりあげ
ふりょうひん
げんさんち

1	しょうばい	商売	장사
2	しょうひん	商品	상품
3	しなもの	品物	물건
4	せいひん	製品	제품
5	はんばい	販売	판매
6	ねだん	値段	가격
7	こうにゅう	購入	구입
8	ていか	定価	정가
9	セール	sale	세일
10	わりびき	割引	할인
11	せつやく	節約	절약
12	しょうぎょう	商業	상업
13	えいぎょう	営業	영업
14	けいえい	経営	경영
15	こうり	小売り	소매
16	おろしうり	卸売り	도매
17	うりば	売り場	판매장
18	やといぬし	雇い主	고용주
19	しゅうぎょういん	従業員	종업원
20	おとくいさん	お得意さん	단골손님
21	しはらい	支払い	지불
22	うりきれ	売り切れ	매진
23	うれゆき	売れ行き	팔림새
24	ざいこ	在庫	재고
25	りょうしゅうしょう	領収証	영수증
26	うりあげ	売り上げ	매상
27	ふりょうひん	不良品	불량품
28	げんさんち	原産地	원산지

example

値段(ねだん)をもうちょっと安(やす)くしてもらえませんか。
가격을 좀 더 깎아줄 수 있습니까?

ここは品物(しなもの)の種類(しゅるい)は多(おお)いですけど。
이곳은 상품의 종류는 많습니다만.

お得意(とくい)さんがやってきました。
단골손님이 찾아 왔습니다.

セール期間(きかん)に安(やす)く品物(しなもの)を購入(こうにゅう)したいです。
세일기간에 상품을 싸게 구입하고 싶습니다.

製品(せいひん)には必(かなら)ず原産地(げんさんち)を記入(きにゅう)すること。
제품에는 반드시 원산지를 기입할 것.

- 고가는 高価(こうか), 염가는 安売(やすう)り, 激安(げきやす), 廉売(れんばい)이다.
- 폭탄세일은 投(な)げ売(う)り, 원가세일은 捨(す)て売(う)り, 덤핑은 ダンピング이다.
- 바가지를 쓰다는 ふっかける, ぼられる, ぼったくられる이다.
- 그 외에 인상은 値上(ねあ)げ, 인하는 値下(ねさ)げ, 수지는 収支(しゅうし), 종류는 種類(しゅるい), 흥정은 駆(か)け引(ひ)き, 품절은 品切(しなぎ)れ, 단골손님은 得意様(とくいさま)이다.

의성어의태어 정리 I

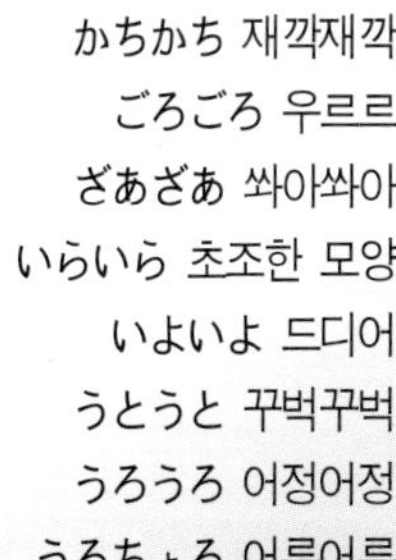

かちかち 재깍재깍
ごろごろ 우르르
ざあざあ 쏴아쏴아
いらいら 초조한 모양
いよいよ 드디어
うとうと 꾸벅꾸벅
うろうろ 어정어정
うろちょろ 어른어른
おそるおそる 흠칫흠칫
がつがつ 우적우적
かんかん 쨍쨍
きらきら 반짝반짝

071 産業 산업

A

のうぎょう
のうふ
いなさく
たうえ
ひりょう
のうやく
かりいれ

B

りんぎょう
かじゅえん
しゅうかく
こうち
しゅし
しゅっか
ぼくじょう

C

すいさんぎょう
ぎょぎょう
りょうし
ぎょせん
ようしょく
しりょう

D

さんぎょう
こうぎょう
こうぎょう
たんこう
こうみゃく
ちくさん
かちく

1	のうぎょう	農業	농업
2	のうふ	農夫	농민
3	いなさく	稲作	벼농사
4	たうえ	田植え	모내기
5	ひりょう	肥料	비료
6	のうやく	農薬	농약
7	かりいれ	刈り入れ	추수
8	りんぎょう	林業	임업
9	かじゅえん	果樹園	과수원
10	しゅうかく	収穫	수확
11	こうち	耕地	경지
12	しゅし	種子	종자
13	しゅっか	出荷	출하
14	ぼくじょう	牧場	목장
15	すいさんぎょう	水産業	수산업
16	ぎょぎょう	漁業	어업
17	りょうし	漁師	어민
18	ぎょせん	漁船	어선
19	ようしょく	養殖	양식
20	しりょう	飼料	사료
21	さんぎょう	産業	산업
22	こうぎょう	鉱業	광업
23	こうぎょう	工業	공업
24	たんこう	炭鉱	탄광
25	こうみゃく	鉱脈	광맥
26	ちくさん	畜産	축산
27	かちく	家畜	가축
28			

example

叔父(おじ)は漁師(りょうし)で、叔母(おば)は農夫(のうふ)です。
삼촌은 어부이고, 숙모는 농민입니다.

果樹園(かじゅえん)でりんごと梨(なし)を取(と)って来(き)ました。
과수원에서 사과와 배를 따 왔습니다.

田(た)んぼの稲(いね)の刈(か)り入(い)れ時期(じき)が来(き)ました。
논에 있는 벼의 추수시기가 왔습니다.

炭鉱(たんこう)があっというまに崩(くず)れてしまいました。
탄광이 순식간에 무너져 버렸습니다.

田舎(いなか)では農業体験(のうぎょうたいけん)が出来(でき)るそうです。
시골에서는 농업체험을 할 수 있다고 합니다.

- 工場(こうじょう)는 대규모의 현대식 공장이고, 工場(こうば)는 소규모의 전근대적 공장이다.
- 제1차 산업에는 農業(のうぎょう), 林業(りんぎょう), 水産業(すいさんぎょう), 漁業(ぎょぎょう)가 있고, 제2차 산업에는 工業(こうぎょう), 製造業(せいぞうぎょう), 建築業(けんちくぎょう)가 있고, 제3차 산업에는 商業(しょうぎょう), 運輸業(うんゆぎょう), サービス業(ぎょう), 金融業(きんゆうぎょう) 등이 있다.

의성어의태어 정리 2

ぎらぎら 쨍쨍
きりきり 쿡쿡
きょろきょろ 두리번두리번
ぐうぐう 쿨
くすくす 킥킥
くしゃくしゃ 쭈글쭈글
くらくら 부글부글
ぐるぐる 빙글빙글
げらげら 껄껄
ごちゃごちゃ 너저분한 모양
こわごわ 조심조심
こんがり 노릇노릇

貿易 무역

A

ぼうえき
ゆしゅつ
ゆにゅう
かわせレート
みほん
みつもり
ちゅうもん

B

オーダー
リオーダー
サンプル
オファー
けいやく
だいきん
のうき

C

コスト
コミッション
クレーム
まさつ
ぜいかん
かんぜい
かりけいやく

D

ていか
うんちん
しょうだん
ふなづみ
げんさんち
みつゆ

1	ぼうえき	貿易	무역
2	ゆしゅつ	輸出	수출
3	ゆにゅう	輸入	수입
4	かわせレート	為替rate	환율
5	みほん	見本	견본
6	みつもり	見積もり	견적
7	ちゅうもん	注文	주문
8	オーダー	order	주문
9	リオーダー	repeat order	재주문
10	サンプル	sample	샘플
11	オファー	offer	오퍼
12	けいやく	契約	계약
13	だいきん	代金	대금
14	のうき	納期	납기
15	コスト	cost	비용
16	コミッション	commission	수수료
17	クレーム	claim	클레임
18	まさつ	摩擦	마찰
19	ぜいかん	税関	세관
20	かんぜい	関税	관세
21	かりけいやく	仮契約	가계약
22	ていか	定価	정가
23	うんちん	運賃	운임
24	しょうだん	商談	비즈니스상담
25	ふなづみ	船積み	선적
26	げんさんち	原産地	원산지
27	みつゆ	密輸	밀수
28			

example

最終的(さいしゅうてき)な契約(けいやく)の相談(そうだん)をしようと思います。
최종적인 계약 상담을 하려고 합니다.

大口取引先(おおぐちとりひきさき)からクレームをつけられました。
주요 거래처에서 클레임을 걸렸습니다.

仮契約書(かりけいやくしょ)を送(おく)ってくださいませんか。
가계약서를 보내주시겠습니까?

部長(ぶちょう)、輸出(ゆしゅつ)の見積(みつ)もりが出来(でき)ました。
부장님, 수출견적이 완성되었습니다.

原産地(げんさんち)を必(かなら)ず記(しる)すこと。
원산지를 반드시 기입할 것.

- 무역수지는 貿易収支(ぼうえきしゅうし), 무역협정은 貿易協定(ぼうえききょうてい), 무역마찰은 貿易摩擦(ぼうえきまさつ)이다.
- 그 외에 배편은 船便(ふなびん), 항공편은 航空便(こうくうびん), 바이어는 バイヤー, 무역마찰은 貿易摩擦(ぼうえきまさつ), 검역은 検疫(けんえき), 전표는 伝票(でんぴょう), 생산하다는 生産(せいさん)する, 제조하다는 製造(せいぞう)する, 가공하다는 加工(かこう)する이다.

의성어의태어 정리 3

しくしく 훌쩍훌쩍
じめじめ 축축
じろじろ 뚫어지게
すたすた 빨리 걷는 모양
すべすべ 매끈매끈
すらすら 거침없이
すやすや 새근새근
せかせか 성급한 모양
そよそよ 산들산들
だらだら 꾸물꾸물
ちびちび 홀짝홀짝
でこぼこ 울퉁불퉁

073 職業1 직업1

A

しょくぎょう
いしゃ
かんごふ
せんせい
きょうし
きょうじゅ
こうし

B

ぎんこういん
こうむいん
うんてんしゅ
かいしゃいん
サラリーマン
オーエル
しょうぼうし

C

アナウンサー
がか
スポーツせんしゅ
じしょ
げいのうじん
はいゆう
じょゆう

D

かしゅ
タレント
コメディアン
スチュワーデス
けいさつ
おまわりさん
けいじ

1	しょくぎょう	職業	직업
2	いしゃ	医者	의사
3	かんごふ	看護婦	간호원
4	せんせい	先生	선생님
5	きょうし	教師	교사
6	きょうじゅ	教授	교수
7	こうし	講師	강사
8	ぎんこういん	銀行員	은행원
9	こうむいん	公務員	공무원
10	うんてんしゅ	運転手	운전수
11	かいしゃいん	会社員	회사원
12	サラリーマン	salaried man	샐러리맨
13	オーエル	office lady	여회사원
14	しょうぼうし	消防士	소방수
15	アナウンサー	announcer	아나운서
16	がか	画家	화가
17	スポーツせんしゅ	sports選手	운동선수
18	じしょ	辞書	사서
19	げいのうじん	芸能人	연예인
20	はいゆう	俳優	배우
21	じょゆう	女優	여배우
22	かしゅ	歌手	가수
23	タレント	talent	탤런트
24	コメディアン	comedian	코미디언
25	スチュワーデス	stewardess	스튜어디스
26	けいさつ	警察	경찰
27	おまわりさん	お巡りさん	경찰
28	けいじ	刑事	형사

example

世(よ)の中(なか)にはいろんな職業(しょくぎょう)があります。
세상에는 여러 가지 직업이 있습니다.

このごろはアナウンサーの競争率(きょうそうりつ)が激(はげ)しいです。
요즘은 아나운서가 되는 경쟁률이 심합니다.

すぐに消防士(しょうぼうし)が駆(か)け付(つ)けて火(ひ)を消(け)しました。
금방 소방수가 달려와서 불을 껐습니다.

歌手(かしゅ)になりたかったんですが、親(おや)の反対(はんたい)で諦(あきら)めました。
가수가 되고싶었습니다만, 부모님의 반대로 포기했습니다.

急(いそ)いで警察(けいさつ)を呼(よ)んでください。
어서 경찰을 불러 주세요.

- 医者(いしゃ)는 일상생활에서 사용하는 표현이고, 医師(いし)는 학계에서 사용하는 전문용어이다.
- 운전수는 運転手(うんてんしゅ)라고도 ドライバー라고도 한다.
- 警察(けいさつ)는 경찰의 의미와 경찰서의 의미가 있고, 警察官(けいさつかん)은 경찰이라는 직업이고, お巡(まわ)りさん은 경찰을 편하게 부르는 애칭이다.
- 看護婦(かんごふ)는 여자간호원, 看護士(かんごし)는 남자간호사이다.
- 그 외에 저널리스트는 ジャーナリスト, 만화가는 漫画家(まんがか), 자영업(자)는 自営業(じえいぎょう), 기업가는 企業家(きぎょうか), 실업가는 実業家(じつぎょうか), 정치가는 政治家(せいじか)이다.

의성어의태어 정리 4

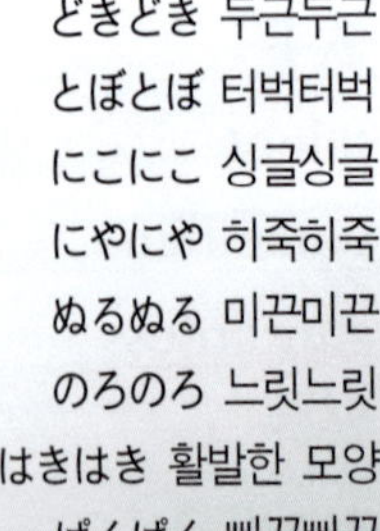

どきどき 두근두근
とぼとぼ 터벅터벅
にこにこ 싱글싱글
にやにや 히죽히죽
ぬるぬる 미끈미끈
のろのろ 느릿느릿
はきはき 활발한 모양
ぱくぱく 뻐끔뻐끔
はらはら 아슬아슬
ひそひそ 소곤소곤
ぴかぴか 번쩍번쩍
ひらひら 펄럭펄럭

職業2 직업2

A

しょうせつか
ほんやくか
つうやくか
さっか
さっきょくか
ちょうこくか
びじゅつか

B

きしゃ
べんごし
はんじ
けんじ
ぐんじん
びようし
りようし

C

ほぼ
コック
けんちくか
パイロット
そうじゅうし
うちゅうひこうし
モデル

D

やくざいし
はいしゃ
しかい
げかい
ないかい
かんぽうい
ゆうびんはいたつ

1	しょうせつか	小説家	소설가
2	ほんやくか	翻訳家	번역가
3	つうやくか	通訳家	통역가
4	さっか	作家	작가
5	さっきょくか	作曲家	작곡가
6	ちょうこくか	彫刻家	조각가
7	びじゅつか	美術家	미술가
8	きしゃ	記者	기자
9	べんごし	弁護士	변호사
10	はんじ	判事	판사
11	けんじ	検事	검사
12	ぐんじん	軍人	군인
13	びようし	美容師	미용사
14	りようし	理容師	이발사
15	ほぼ	保母	보모
16	コック	cook	요리사
17	けんちくか	建築家	건축가
18	パイロット	pilot	파일럿
19	そうじゅうし	操縦士	조종사
20	うちゅうひこうし	宇宙飛行士	우주비행사
21	モデル	model	모델
22	やくざいし	薬剤師	약사
23	はいしゃ	歯医者	치과의사
24	しかい	歯科医	치과의사
25	げかい	外科医	외과의사
26	ないかい	内科医	내과의사
27	かんぽうい	漢方医	한의사
28	ゆうびんはいたつ	郵便配達	우편배달부

example

原書(げんしょ)を翻訳家(ほんやくか)に預(あず)けました。
원서를 번역가에 맡겼습니다.

記者(きしゃ)が昨日(きのう)の試合結果(しあいけっか)について記事(きじ)を書(か)きました。
기자가 어제의 시합결과에 대해 기사를 썼습니다.

私(わたし)の将来(しょうらい)の夢(ゆめ)は小説家(しょうせつか)になることです。
나의 장래의 꿈은 소설가가 되는 것입니다.

一所懸命(いっしょうけんめい)勉強(べんきょう)して歯科医(しかい)になりました。
열심히 공부해서 치과의사가 되었습니다.

郵便配達員(ゆうびんはいたついん)が訪(おとづ)れました。
우편배달부가 찾아왔습니다.

- 요리는 クック, 요리사는 コック라고 한다.
- 일용노동자는 日雇(ひやと)い労働者(ろうどうしゃ), 육체노동자는 肉体労働(にくたいろうどう), 土方(どかた)이다.
- 무직은 無職(むしょく), 백수는 プータロー, 프리터는 フリーター이다.
- 그 외에 코디네이터는 コーディネーター, 매니저는 マネージャー, 카피라이터는 コピーライター, 일러스트레이터는 イラストレーター, 편집디자이너는 オペレーター, 목수는 大工(だいく), 바텐더는 バーテン이다.

의성어의태어 정리 5

ひりひり 얼얼
ぴりぴり 신경 과민한 모양
ぶかぶか 헐렁헐렁
ふかふか 말랑말랑
ぶらぶら 빈둥빈둥
ぶるぶる 덜덜
ふわふわ 둥둥
ぺこぺこ 몹시 배고픈 모양
ぺらぺら 술술
ぼろぼろ 너덜너덜
むかむか 메슥메슥
むしむし 푹푹 찜
めそめそ 기운 없이 우는 모양
めちゃくちゃ 엉망진창
もぐもぐ 우물우물
わくわく 두근두근

음식 건강과 질병 경제와 정치 취미와 레저

075 政治 정치

A

せいじ
せいとう
せいじか
せいけん
こっかい
こっかいぎいん
こっかいぎじどう

B

せんきょ
せんきょけん
ゆうけんしゃ
こうほしゃ
りっこうほ
せんきょうんどう
とうひょう

C

よとう
やとう
ほしゅ
かくしん
とうせん
らくせん
とうらく

D

けんり
ぎむ
せきにん
じゆう
びょうどう
けんりょく
かいてい

1	せいじ	政治	정치
2	せいとう	政党	정당
3	せいじか	政治家	정치인
4	せいけん	政権	정권
5	こっかい	国会	국회
6	こっかいぎいん	国会議員	국회의원
7	こっかいぎじどう	国会議事堂	국회의사당
8	せんきょ	選挙	선거
9	せんきょけん	選挙権	선거권
10	ゆうけんしゃ	有権者	유권자
11	こうほしゃ	候補者	후보자
12	りっこうほ	立候補	입후보
13	せんきょうんどう	選挙運動	선거운동
14	とうひょう	投票	투표
15	よとう	与党	여당
16	やとう	野党	야당
17	ほしゅ	保守	보수
18	かくしん	革新	혁신
19	とうせん	当選	당선
20	らくせん	落選	낙선
21	とうらく	当落	당락
22	けんり	権利	권리
23	ぎむ	義務	의무
24	せきにん	責任	책임
25	じゆう	自由	자유
26	びょうどう	平等	평등
27	けんりょく	権力	권력
28	かいてい	改訂	개정

example

選挙(せんきょ)で与党(よとう)が野党(やとう)になるという波乱(はらん)がありました。
선거로 여당이 야당이 되는 파란이 있었습니다.

国会(こっかい)は法律(ほうりつ)を作(つく)る所(ところ)です。
국회는 법률을 만드는 곳입니다.

五人(ごにん)の候補者(こうほしゃ)が対立(たいりつ)しています。
5명의 후보자가 대립하고 있습니다.

投票(とうひょう)が実施(じっし)されましたが、投票率(とうひょうりつ)は悪(わる)いようです。
투표가 실시되었습니다만, 투표율은 안 좋습니다.

法律(ほうりつ)を改正(かいせい)するために投票(とうひょう)を実施(じっし)しています。
법률을 개정하기 위해 투표를 실시하고 있습니다.

- 국회의원 중 참의원은 参議院(さんぎいん), 중의원은 衆議院(しゅうぎいん)이다.
- 일본의 정당은 크게 自民党(じみんとう)와 民主党(みんしゅとう)와 社会党(しゃかいとう)와 公明党(こうめいとう)이다.
- 그 외에 장관은 大臣(だいじん), 정책은 政策(せいさく), 여론은 世論(せろん), 과반수는 過半数(かはんすう), 다수결은 多数決(たすうけつ), 가결은 可決(かけつ), 부결은 否決(ひけつ), 독수리파는 タカ派(は), 비둘기파는 ハト派(は)이다.

접속사 정리 1

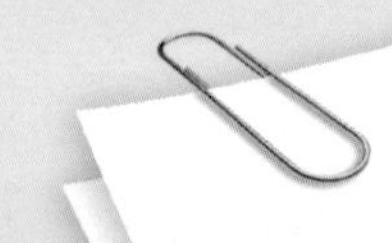

あるいは 혹은, 또는
おまけに 게다가
けれども 그렇지만
けれど 그렇지만
けど 하지만
さて 그런데
しかし 그러나
しかしながら 그렇긴 하나
しかも 더구나
じゃあ 그러면
すなわち 즉
すると 그러면

マスコミ 매스컴

A

マスコミ
テレビ
ほうそう
ほうそうきょく
テレビきょく
えいせいほうそう
ばんぐみ

B

しんぶん
しんぶんしゃ
ちょうかん
ゆうかん
きじ
しゃせつ
らん

C

ニュース
しゅざい
ほうどう
みだし
ざっし
げっかんし
しゅうかんし

D

ラジオ
ラジオきょく
チャンネル
ジャーナリスト
へんしゅう
えいぞう
ろくおん

1	マスコミ	mass communication	매스컴
2	テレビ	television	텔레비전
3	ほうそう	放送	방송
4	ほうそうきょく	放送局	방송국
5	テレビきょく	テレビ局	TV방송국
6	えいせいほうそう	衛星放送	위성방송
7	ばんぐみ	番組	프로
8	しんぶん	新聞	신문
9	しんぶんしゃ	新聞社	신문사
10	ちょうかん	朝刊	조간
11	ゆうかん	夕刊	석간
12	きじ	記事	기사
13	しゃせつ	社説	사설
14	らん	欄	란
15	ニュース	news	뉴스
16	しゅざい	取材	취재
17	ほうどう	報道	보도
18	みだし	見出し	표제
19	ざっし	雑誌	잡지
20	げっかんし	月刊誌	월간지
21	しゅうかんし	週刊誌	주간지
22	ラジオ	radio	라디오
23	ラジオきょく	radio局	라디오방송국
24	チャンネル	channel	채널
25	ジャーナリスト	journalist	저널리스트
26	へんしゅう	編集	편집
27	えいぞう	映像	영상
28	ろくおん	録音	녹음

example

取材(しゅざい)がしたいと、放送局(ほうそうきょく)から人々(ひとびと)がやってきました。
취재를 하고 싶다고 방송국에서 사람들이 찾아 왔습니다.

テレビの街頭(がいとう)インタービューに答(こた)えてみましょう。
텔레비전의 거리인터뷰에 대답해 봅시다.

新聞(しんぶん)の社説(しゃせつ)から取(と)り出(だ)しました。
신문의 사설에서 발췌했습니다.

記者会見(きしゃかいけん)で結婚(けっこん)の発表(はっぴょう)をしました。
기자회견에서 결혼발표를 했습니다.

まだ録音(ろくおん)と編集(へんしゅう)の作業(さぎょう)が残(のこ)っています。
아직 녹음과 편집작업이 남아 있습니다.

- TV만화영화는 アニメ라고도 アニメーション이라고도 한다.
- 생방송은 生放送(なまほうそう), 중계방송은 中継放送(ちゅうけいほうそう)이다.
- 그 외에 프로듀서는 プロデューサー, 감독은 監督(かんとく), 연출은 演出(えんしゅつ), 다큐멘터리는 ドキュメンタリー, 방송광고는 コマーシャル, 인터뷰는 インタービュー, 대사는 台詞(せりふ), 기자는 記者(きしゃ), 리포터는 リポーター이다.

접속사 정리 2

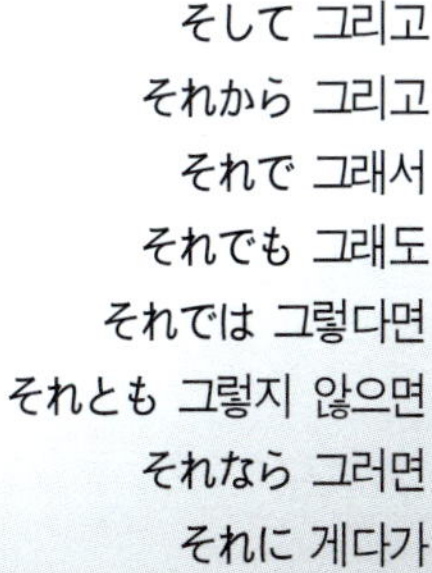

そして 그리고
それから 그리고
それで 그래서
それでも 그래도
それでは 그렇다면
それとも 그렇지 않으면
それなら 그러면
それに 게다가
それなのに 그럼에도 불구하고
それにしても 그렇다 치더라도
だから 그래서
だが 그러나

음식
건강과 질병
경제와 정치
취미와 레저

077 犯罪 범죄

A

はんざい
はんにん
はんこう
ようぎしゃ
どろぼう
すり
ごうとう

B

ゆうかい
さつじん
せっとう
さぎ
みつゆ
ほうか
ごうかん

C

しょうこ
しょうめい
しょうげん
てがかり
じはく
たいほ
てじょう

D

しもん
ひとじち
しけい
けいむしょ
だつごく
わいろ
まやく

1	はんざい	犯罪	범죄
2	はんにん	犯人	범인
3	はんこう	犯行	범행
4	ようぎしゃ	容疑者	용의자
5	どろぼう	泥棒	도둑
6	すり		소매치기
7	ごうとう	強盗	강도
8	ゆうかい	誘拐	유괴
9	さつじん	殺人	살인
10	せっとう	窃盗	절도
11	さぎ	詐欺	사기
12	みつゆ	密輸	밀수
13	ほうか	放火	방화
14	ごうかん	強姦	강간
15	しょうこ	証拠	증거
16	しょうめい	証明	증명
17	しょうげん	証言	증언
18	てがかり	出がかり	단서
19	じはく	自白	자백
20	たいほ	逮捕	체포
21	てじょう	手錠	수갑
22	しもん	指紋	지문
23	ひとじち	人質	인질
24	しけい	死刑	사형
25	けいむしょ	刑務所	교도소
26	だつごく	脱獄	탈옥
27	わいろ	賄賂	뇌물
28	まやく	麻薬	마약

example

たった今(いま)犯人(はんにん)を逮捕(たいほ)したばかりです。
지금 방금 범인을 막 체포했습니다.

あの人(ひと)が犯罪(はんざい)を起(お)こすなんて信(しん)じられない。
그 사람이 범죄를 일으키다니 믿을 수 없다.

証拠(しょうこ)が発見(はっけん)されて証明(しょうめい)が出来(でき)ました。
증거가 발견되어 증명이 되었습니다.

敵(てき)を暗殺(あんさつ)しろと命令(めいれい)を受(う)けました。
적을 암살하라는 명령을 받았습니다.

- 순찰차는 **パトカー**, 경찰 오토바이는 **白(しろ)バイ**이다.
- 그 외에 암살은 **暗殺(あんさつ)**, 추적은 **追跡(ついせき)**, 도망은 **逃亡(とうぼう)**, 수배는 **手配(てはい)**, 전과는 **前科(ぜんか)**, 취조는 **取(と)り調(しら)べ**, 권총은 **ピストル**, 구치소는 **拘置所(こうちしょ)**, 알리바이는 **アリバイ**, 목격자는 **目撃者(もくげきしゃ)**이다.

접속사 정리 3

だけど 그러나
ただし 단, 그러나
だって 그렇긴 하지만
では 그러면
ですから 그러니까
でも 하지만
ところで 그런데
ならびに 및, 또한
または 혹은
もしくは 아니면, 혹은

出来事 사건

A

できごと
じこ
じしん
こうずい
つなみ
やまくずれ
なだれ

B

かじ
やまかじ
ぼうふう
あらし
よしん
じんさい
てんさい

C

ついらく
ひなん
よぼう
きけん
ひでり
かんぱ
だっせん

D

こうつうじこ
しょうとつじこ
じんしんじこ
いんしゅうんてん
いえで
ぼうどう

1	できごと	出来事	사건
2	じこ	事故	사고
3	じしん	地震	지진
4	こうずい	洪水	홍수
5	つなみ	津波	해일
6	やまくずれ	山崩れ	산사태
7	なだれ	雪崩れ	눈사태
8	かじ	火事	화재
9	やまかじ	山火事	산불
10	ぼうふう	暴風	폭풍
11	あらし	嵐	폭풍
12	よしん	余震	여진
13	じんさい	人災	인재
14	てんさい	天災	천재
15	ついらく	墜落	추락
16	ひなん	避難	피난
17	よぼう	予防	예방
18	きけん	危険	위험
19	ひでり	日照り	가뭄
20	かんぱ	寒波	한파
21	だっせん	脱線	탈선
22	こうつうじこ	交通事故	교통사고
23	しょうとつじこ	衝突事故	충돌사고
24	じんしんじこ	人身事故	인사사고
25	いんしゅうんてん	飲酒運転	음주운전
26	いえで	家出	가출
27	ぼうどう	暴動	폭동
28			

example

日本(にほん)は世界(せかい)でもまれな地震多発国(じしんたはつこく)です。
일본은 세계에서도 드문 지진다발국입니다.

高速道路(こうそくどうろ)で交通事故(こうつうじこ)が発生(はっせい)しました。
고속도로에서 교통사고가 발생했습니다.

タバコの火(ひ)があっというまに山火事(やまかじ)になってしまいました。
담뱃불이 눈 깜짝할 사이에 산불이 되어 버렸습니다.

地震(じしん)で大(おお)きな津波(つなみ)が起(お)こりました。
지진으로 큰 해일이 일어났습니다.

人災(じんさい)は努力(どりょく)すれば予防(よぼう)できます。
인재는 노력하면 예방할 수 있습니다.

- 사고나 조난 등 좋지 않은 일을 만나는 것은 逢(あ)う라고 한다.
- 그 외에 조난은 遭難(そうなん), 구조는 救助(きゅうじょ), 위험은 危険(きけん), 피난은 避難(ひなん), 경보는 警報(けいほう), 생존자는 生存者(せいぞんしゃ), 부상자는 怪我人(けがじん), 폭발은 爆発(ばくはつ), 주의보는 注意報(ちゅういほう), 진도는 震度(しんど), 풍속은 風速(ふうそく), 태풍 ~호는 台風(たいふう)~号(ごう)이다.

감탄사 정리 1

ああ 아
あ 아!
あっ 앗
あのね 이것 봐
あら 어머나(놀람)
あら 어머나(의외)
あれ 어머?
あらまあ 어머나!

いいえ 아니오
いや 아니
うん 응
ええ 예

079 裁判 재판

A

さいばん
ほう
ほうてい
さいばんしょ
さいこうさいばんしょ
かていさいばんしょ
さいばんかん

B

むざい
ゆうざい
きそ
こくそ
げんこく
ひこくにん
ばいしんいん

C

しょうにん
しょうげん
じんもん
はんけつ
せんこく
なりゆき
いほう

D

けんぽう
みんぽう
けいほう
さんせい
はんたい
ごはん
けっか

1	さいばん	裁判	재판
2	ほう	法	법
3	ほうてい	法廷	법정
4	さいばんしょ	裁判所	법원
5	さいこうさいばんしょ	最高裁判所	대법원
6	かていさいばんしょ	家庭裁判所	가정법원
7	さいばんかん	裁判官	재판관
8	むざい	無罪	무죄
9	ゆうざい	有罪	유죄
10	きそ	起訴	기소
11	こくそ	告訴	고소
12	げんこく	原告	원고
13	ひこくにん	被告人	피고
14	ばいしんいん	陪審員	배심원
15	しょうにん	証人	증인
16	しょうげん	証言	증언
17	じんもん	尋問	심문
18	はんけつ	判決	판결
19	せんこく	宣告	선고
20	なりゆき	成り行き	경위
21	いほう	違法	위법
22	けんぽう	憲法	헌법
23	みんぽう	民法	민법
24	けいほう	刑法	형법
25	さんせい	賛成	찬성
26	はんたい	反対	반대
27	ごはん	誤判	오판
28	けっか	結果	결과

長(なが)い裁判(さいばん)の末(すえ)、ようやく無罪判決(むざいはんけつ)が出(で)ました。
긴 재판 끝에 겨우 무죄판결이 나왔습니다.

思(おも)った以上(いじょう)に裁判(さいばん)が長引(ながび)きました。
생각 이상으로 재판이 늘어졌습니다.

弁護士(べんごし)と会(あ)って相談(そうだん)をしました。
변호사와 만나 상담을 했습니다.

その裁判(さいばん)に証人(しょうにん)として出席(しゅっせき)しました。
그 재판에 증인으로서 출석했습니다.

原告(げんこく)の立場(たちば)から被告(ひこく)の立場(たちば)になりました。
원고의 입장에서 피고의 입장이 되었습니다.

example

- 변호사는 弁護士(べんごし), 판사는 判事(はんじ), 검사는 検事(けんじ)이다.
- 成(な)り行(ゆ)きは 되어 가는 형편이나 결과이고, 経緯(いきさつ)는 일의 경위나 복잡한 사정이다.
- 피해자는 被害者(ひがいしゃ), 가해자는 加害者(かがいしゃ) 소송은 訴訟(そしょう), 법정은 法定(ほうてい), 공판은 公判(こうはん), 심문은 尋問(じんもん), 무기징역은 無期懲役(むきちょうえき), 사형은 死刑(しけい)이다.

감탄사 정리 2

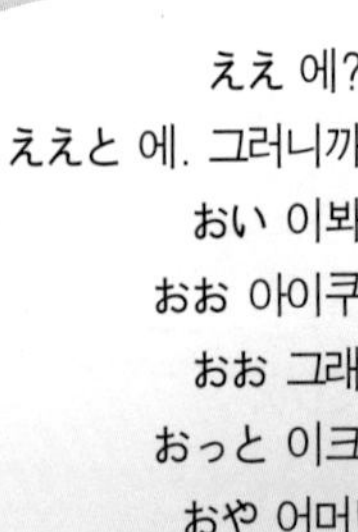

ええ 에?
ええと 에. 그러니까
おい 이봐
おお 아이쿠
おお 그래
おっと 이크
おや 어머!
これ 야
こら 이놈! 이봐!
さあ 야!
さあ 글쎄
そら 자

chapter 8

취미와 레저

080 趣味 취미

A

しゅみ
よか
レジャー
りょこう
やまのぼり
さんぽ
ハイキング

B

おんがくかんしょう
どくしょ
いご
しょうぎ
ビリヤード
つり
かり

C

キャンプ
スキューバダイビング
マージャン
まんが
しゃしん
うんどう
きってコレクション

D

ダンス
えいが
しばい
コンサート
オペラ
ミュージカル
にんぎょうげき

1	しゅみ	趣味	취미
2	よか	余暇	여가
3	レジャー	leisure	레저
4	りょこう	旅行	여행
5	やまのぼり	山登り	등산
6	さんぽ	散歩	산책
7	ハイキング	hiking	하이킹
8	おんがくかんしょう	音楽鑑賞	음악감상
9	どくしょ	読書	독서
10	いご	囲碁	바둑
11	しょうぎ	将棋	장기
12	ビリヤード	billiards	당구
13	つり	釣り	낚시
14	かり	狩り	사냥
15	キャンプ		캠프
16	スキューバダイビング		스쿠버다이빙
17	マージャン		마작
18	まんが	漫画	만화
19	しゃしん	写真	사진
20	うんどう	運動	운동
21	きってコレクション	切手collection	우표수집
22	ダンス	dance	춤
23	えいが	映画	영화
24	しばい	芝居	연극
25	コンサート	concert	콘서트
26	オペラ	opera	오페라
27	ミュージカル	musical	뮤지컬
28	にんぎょうげき	人形劇	인형극

example

あなたのご趣味(しゅみ)は何(なん)ですか。
당신의 취미는 무엇입니까?

二人(ふたり)とも暇(ひま)だから囲碁(いご)を打(う)ちましょう。
두 사람 모두 시간여유가 있으니 바둑을 둡시다.

波(なみ)が高(たか)くなければ釣り(つり)に行(い)こうかな。
파도가 높지 않으면 낚시하러 갈까.

天気(てんき)がよければ山登り(やまのぼり)に行(い)きましょう。
날씨가 좋으면 등산하러 갑시다.

僕(ぼく)の唯一(ゆいつ)の趣味(しゅみ)は切手(きって)コレクションです。
내 유일한 취미는 우표수집입니다.

- 山登(やまのぼ)り는 운동 삼아 하는 가벼운 등산이고, 山歩(やまある)き는 가볍게 가까운 산에 갔다 오는 정도이고, 登山(とざん)은 본격적인 등반이다.
- 서클은 サークル, 동호회는 同好会(どうこうかい)이다.
- 우표수집은 切手(きって)コレクション이라고도 切手(きって)収穫(しゅうかく)라고도 한다.
- 芝居(しばい)는 소극장에서 하는 연극이고, 演劇(えんげき)은 대규모로 하는 공연이다.
- 劇場(げきじょう)는 연극, 음악회 등을 공연하는 무대를 갖춘 공연장이다.

감탄사 정리 3

それ 야!
ちょっと 저, 여보세요
どれ 저, 자
なあ 여보게
なに 뭐
ねえ 저기요
ねえ 자
はあ 예
はい 예?
ほら 어머나
ほら 자
まあ 정말

旅行 여행

A

たび
よてい
けいかく
よやく
にってい
かんこう
りょかん

B

ホテル
けんぶつ
にもつ
おんせん
きゅうか
おみやげ
やすみ

C

こくないりょこう
かいがいりょこう
しゅうがくりょこう
しんこんりょこう
ひがえりりょこう
ひとりたび
りょこうさき

D

かんこうち
ゆうえんち
みなと
くうこう
かんこうコース
きっぷ
チケット

1	たび	旅	여행
2	よてい	予定	예정
3	けいかく	計画	계획
4	よやく	予約	예약
5	にってい	日程	일정
6	かんこう	観光	관광
7	りょかん	旅館	여관
8	ホテル	hotel	호텔
9	けんぶつ	見物	구경
10	にもつ	荷物	짐
11	おんせん	温泉	온천
12	きゅうか	休暇	휴가
13	おみやげ	お土産	선물
14	やすみ	休み	휴일
15	こくないりょこう	国内旅行	국내여행
16	かいがいりょこう	海外旅行	해외여행
17	しゅうがくりょこう	修学旅行	수학여행
18	しんこんりょこう	新婚旅行	신혼여행
19	ひがえりりょこう	日帰り旅行	당일치기여행
20	ひとりたび	一人旅	나홀로여행
21	りょこうさき	旅行先	여행지
22	かんこうち	観光地	관광지
23	ゆうえんち	遊園地	유원지
24	みなと	港	항구
25	くうこう	空港	공항
26	かんこうコース	観光course	관광코스
27	きっぷ	切符	표
28	チケット	ticket	티켓

example

旅先(たびさき)では第一(だいいち)ホテルに留(と)まる予定(よてい)です。
여행지에서는 제일호텔에 묵을 예정입니다.

旅行先(りょこうさき)で会社(かいしゃ)にお土産(おみやげ)買(か)いました。
여행지에서 회사사람들에게 줄 선물을 샀습니다.

新婚旅行(しんこんりょこう)に北海道(ほっかいどう)へ行(い)きます。
신혼여행으로 홋카이도에 갑니다.

熱海(あたみ)は有名(ゆうめい)な温泉地(おんせんち)なんです。
아타미는 유명한 온천지입니다.

ホテルに電話(でんわ)をかけて予約(よやく)の変更(へんこう)をしましょう。
호텔에 전화를 걸어 예약변경을 합시다.

- 비자를 받다는 ビザをとる라고 한다.
- お土産(みやげ)는 여행지에서 사온 선물인 토산품, 과자, 떡의 의미와 타인을 방문할 때 주는 케이크, 와인 등의 선물의 의미가 있다.
- 景色(けしき)는 자연의 정적인 경치이고, 眺(なが)め는 동적인 경관이다.
- 旅館(りょかん)은 고가의 일본식 숙박시설이고, モーテル은 주로 러브호텔이다.
- 비행기의 창가는 窓側(まどがわ), 통로측은 通路側(つうろがわ), 금연석은 禁煙席(きんえんせき), 흡연석은 喫煙席(きつえんせき)이다.

감탄사 정리 4

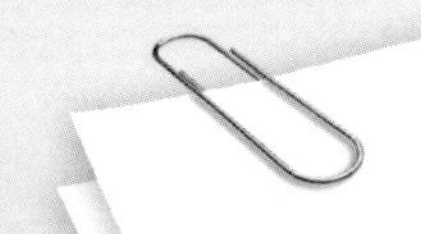

もしもし 여보세요
やあ 야
やい 이봐
やれやれ 아유!

082 買い物 쇼핑

A

てんちょう
てんいん
きゃく
えいぎょうちゅう
じゅんびちゅう
かいてん
へいてん

B

かいもの
セール
ねびき
サイズ
サービス
ショーウィンドー
おまけ

C

うりきれ
ざいこ
はいたつ
ちゅうもん
ほんもの
にせもの
ブランドもの

D

レジ
かんじょう
げんきん
しょうひぜい
ぜいこみ
いっかつばらい
ぶんかつばらい

1	てんちょう	店長	점장
2	てんいん	店員	점원
3	きゃく	客	손님
4	えいぎょうちゅう	営業中	영업중
5	じゅんびちゅう	準備中	준비중
6	かいてん	開店	개점
7	へいてん	閉店	폐점
8	かいもの	買い物	쇼핑
9	セール	sale	세일
10	ねびき	値引き	할인
11	サイズ	size	사이즈
12	サービス	service	서비스
13	ショーウィンドー	show window	쇼윈도
14	おまけ		덤
15	うりきれ	売り切れ	매진
16	ざいこ	在庫	재고
17	はいたつ	配達	배달
18	ちゅうもん	注文	주문
19	ほんもの	本物	진짜
20	にせもの	偽物	가짜
21	ブランドもの	brand物	브랜드상품
22	レジ	register	계산대
23	かんじょう	勘定	계산
24	げんきん	現金	현금
25	しょうひぜい	消費税	소비세
26	ぜいこみ	税込み	세금포함
27	いっかつばらい	一括払い	일시불
28	ぶんかつばらい	分割払い	할부

example

店長(てんちょう)にアルバイトの件(けん)で話(はな)したいことがありますけど。
점장에게 아르바이트건으로 이야기하고 싶은 것이 있습니다만.

申(もう)し訳(わけ)ありません。その製品(せいひん)はあいにく売(う)り切(き)れです。
죄송합니다. 그 제품으로 공교롭게 매진입니다.

これは本物(ほんもの)ですか。それとも偽物(にせもの)ですか。
이것은 진짜입니까? 아니면 가짜입니까?

この商品(しょうひん)は税込(ぜいこ)みで2万円(まんえん)になります。
이 상품은 세금포함하여 2만엔 되겠습니다.

ボーナス一括払(いっかつばらい)いでお願(ねが)いします。
보너스 일시불로 부탁합니다.

- 영업중에 경우에는 営業中(えいぎょうちゅう), 가게의 문을 닫았을 때는 準備中(じゅんびちゅう)라는 푯말이 붙어 있다.
- 반품은 返品(へんぴん), 교환은 交換(こうかん), 영수증은 レシート, 수입품은 輸入品(ゆにゅうひん), 면세품은 免税品(めんぜいひん), 불량품은 不良品(ふりょうひん), 카탈로그는 カタログ, 정기휴일은 定休日(ていきゅうび), 영업시간은 営業時間(えいぎょうじかん), 금일개점은 本日開店(ほんじつかいてん), 금일휴업은 本日休業(ほんじつきゅうぎょう)이다.

조사 정리 1

が ~이, ~가
が ~지만, ~인데
から ~에서, ~부터
から ~니까, ~때문에
けれど(も), けど ~지만, ~은(는)데
し ~고
たり(だり) ~(하)기도 하고
で ~(으)로, ~에서
て(で)~고, ~서
ても(でも) ~(라)도
と ~와, ~과, ~라고
と ~면, ~니

スポーツ 스포츠

A

- うんどう
- しあい
- きょうぎ
- せんしゅ
- かんとく
- コーチ
- マネージャー

B

- しんぱん
- きそく
- ルール
- はんそく
- おうえん
- ゆうしょう
- しょうぶ

C

- しょうはい
- しょうり
- はいぼく
- ひきわけ
- しんしゅつ
- はいたい

D

- やきゅう
- テニス
- サッカー
- スイミング
- バレーボール
- バスケットボール
- じゅうどう

1	うんどう	運動	운동
2	しあい	試合	시합
3	きょうぎ	競技	경기
4	せんしゅ	選手	선수
5	かんとく	監督	감독
6	コーチ	coach	코치
7	マネージャー	manager	매니저
8	しんぱん	審判	심판
9	きそく	規則	규칙
10	ルール	rule	규칙
11	はんそく	反則	반칙
12	おうえん	応援	응원
13	ゆうしょう	優賞	우승
14	しょうぶ	勝負	승부
15	しょうはい	勝敗	승패
16	しょうり	勝利	승리
17	はいぼく	敗北	패배
18	ひきわけ	引き分け	비김
19	しんしゅつ	進出	진출
20	はいたい	敗退	배퇴
21	やきゅう	野球	야구
22	テニス	tennis	테니스
23	サッカー	soccer	축구
24	スイミング	swimming	수영
25	バレーボール	volleyball	배구
26	バスケットボール	basketball	농구
27	じゅうどう	柔道	유도
28			

example

スポーツの中(なか)で何(なに)が一番(いちばん)好(す)きですか。
스포츠 중에서 무엇을 가장 좋아합니까?

弟(おとうと)は小(ちい)さいときからゴルフが得意(とくい)なんです。
동생은 어릴 적부터 골프를 잘합니다.

柔(やわら)ちゃんは柔道(じゅうどう)で金(きん)メダルをとりました。
야와라씨는 유도에서 금메달을 땄습니다.

オリンピックの審判(しんぱん)に正式(せいしき)に選(えら)ばれました。
올림픽 심판에 정식으로 선발되었습니다.

もうすぐスキーのシーズンです。北海道(ほっかいどう)に行(い)きましょうよ。
이제 곧 스키 시즌입니다. 홋까이도에 갑시다.

- 수영은 スイミング라고도 水泳(すいえい)라고도 한다.
- 탁구는 ピンポン라고도 卓球(たっきゅう)이라고도 한다.
- 그 외에 스키는 スキー, 스케이트는 スケート, 배드민턴은 バドミントン, 검도는 剣道(けんどう), 골프는 ゴルフ, 태권도는 テコンドー, 럭비는 ラクビー, 하키는 ホッケー, 사격은 射撃(しゃげき), 복싱은 ボクシング, 승마는 乗馬(じょうば), 경마는 競馬(けいば), 체조는 体操(たいそう), 소프트볼은 ソフトボール, 육상경기는 陸上競技(りくじょうきょうぎ)이다.

조사 정리 1

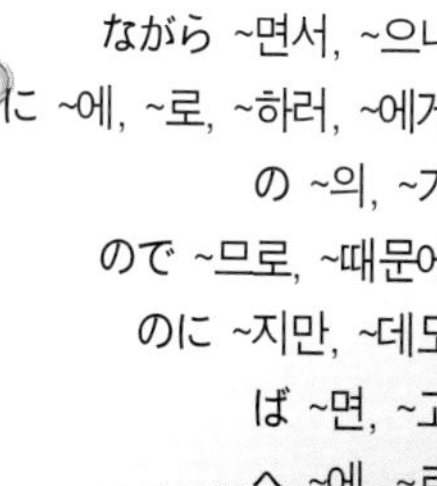

ながら ~면서, ~으나
に ~에, ~로, ~하러, ~에게
の ~의, ~가
ので ~므로, ~때문에
のに ~지만, ~데도
ば ~면, ~고
へ ~에, ~로
や ~나, ~랑
より ~보다, ~밖에
を ~(을)를

084 遊び 놀이

A

あそび
こうえん
ゆうえんち
どうぶつえん
しょくぶつえん
あそびば
ひろば

B

きょうぎじょう
プール
すいぞくかん
ゴルフじょう
スキーじょう
かいすいよくじょう
えんそく

C

パチンコ
はなふだ
ゲーム
マージャン
トランプ
クイズ
じゃんけん

D

おにごっこ
かくれんぼ
たこあげ
こままわし
にんぎょうあそび
ままごと
おもちゃ

1	あそび	遊び	놀이
2	こうえん	公園	공원
3	ゆうえんち	遊園地	유원지
4	どうぶつえん	動物園	동물원
5	しょくぶつえん	植物園	식물원
6	あそびば	遊び場	놀이터
7	ひろば	広場	광장
8	きょうぎじょう	競技場	경기장
9	プール	pool	풀장
10	すいぞくかん	水族館	수족관
11	ゴルフじょう	golf場	골프장
12	スキーじょう	ski場	스키장
13	かいすいよくじょう	海水浴場	해수욕장
14	えんそく	遠足	소풍
15	パチンコ		파칭코
16	はなふだ	花札	화투
17	ゲーム	game	게임
18	マージャン		마작
19	トランプ	trump	카드놀이
20	クイズ	quiz	퀴즈
21	じゃんけん		가위바위보
22	おにごっこ	鬼ごっこ	술래잡기
23	かくれんぼ		숨바꼭질
24	たこあげ	たこ揚げ	연날리기
25	こままわし	駒回し	팽이치기
26	にんぎょうあそび	人形遊び	인형놀이
27	ままごと		엄마놀이
28	おもちゃ	玩具	장난감

example

入場券(にゅうじょうけん)を買(か)って動物園(どうぶつえん)へ入(はい)りました。
입장권을 사서 동물원으로 들어갔습니다.

週(しゅう)に一回(いっかい)プールに行(い)き水泳(すいえい)をします。
일주일에 한 번 풀장에 가서 수영을 합니다.

日本(にほん)へ行(い)って、初(はじ)めてパチンコをやりました。
일본에 가서 처음으로 파칭코를 했습니다.

ここは公平(こうへい)にじゃんけんで決(き)めましょう。
이곳은 공정하게 가위바위보로 정합시다.

子供(こども)の時(とき)よく人形遊(にんぎょうあそ)びをしました。
어린 시절 곧잘 인형놀이를 했습니다.

- 休(やす)み는 휴식의 의미와 휴가의 의미가 있다.
- 休息(きゅうそく)는 개인이 스스로 정해 몸과 마음을 쉬는 것이고, 休憩(きゅうけい)는 공식적으로 정해진 휴식시간이고, 休暇(きゅうか)는 학교나 회사 등이 공적으로 인정하는 휴가이다.
- 가위바위보는 じゃんけんぽん이라고도 한다.
- 그 외에 공기놀이는 お手玉(てだま), 비눗방울은 シャボン玉(だま), 종이접기는 折(お)り紙(がみ), 풍선은 風船(ふうせん), 인형은 人形(にんぎょう), 바람개비는 風車(かざぐるま)이다.

부조사 정리

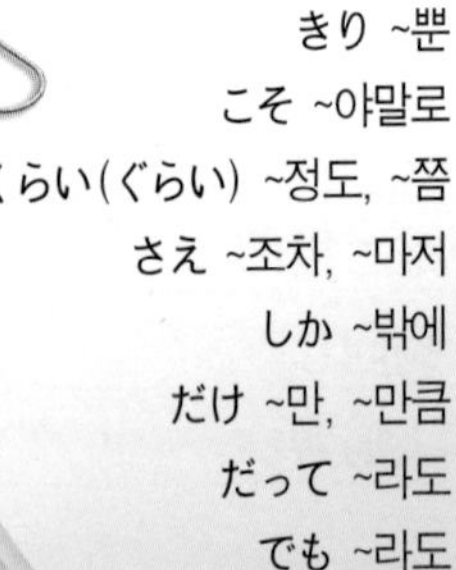

きり ~뿐
こそ ~야말로
くらい(ぐらい) ~정도, ~쯤
さえ ~조차, ~마저
しか ~밖에
だけ ~만, ~만큼
だって ~라도
でも ~라도
など(等) ~등, ~따위
なり ~든지
は ~(은)는
ばかり ~뿐, ~정도
ほど ~수록, ~쯤
まで ~까지
も ~도
やら ~인지, ~ㄴ가

行事 행사

A

ぎょうじ
やすみのひ
きゅうじつ
まつり
ねんちゅうぎょうじ
おしょうがつ
はつもうで

B

せつぶん
ゆきまつり
ひがん
ひなまつり
はなみ
ゴールデン・ウィーク
たんごのせっく

C

ははのひ
ちちのひ
たなばた
おぼん
はかまいり
ちゅうげん
ざんしょみまい

D

おつきみ
もみじがり
しちごさん
クリスマス
おおみそか

1	ぎょうじ	行事	행사
2	やすみのひ	休みの日	휴일
3	きゅうじつ	休日	휴일
4	まつり	祭り	축제
5	ねんちゅうぎょうじ	年中行事	연중행사
6	おしょうがつ	お正月	정월(1월)
7	はつもうで	初詣	하츠모우데(1월)
8	せつぶん	節分	세츠분(2월)
9	ゆきまつり	雪祭り	눈축제(2월)
10	ひがん	彼岸	히간(3월, 9월)
11	ひなまつり	ひな祭り	히나마츠리(3월 3일)
12	はなみ	花見	꽃구경(4월)
13	ゴールデン・ウィーク	golden week	골든위크(5월)
14	たんごのせっく	端午の節句	단오절(5월)
15	ははのひ	母の日	어머니날(5월 2째 일요일)
16	ちちのひ	父の日	아버지날(6월 2째 일요일)
17	たなばた	七夕	칠석(7월)
18	おぼん	お盆	오봉(7월)
19	はかまいり	墓参り	성묘
20	ちゅうげん	中元	츄겐(7월)
21	ざんしょみまい	残暑見舞い	잔쇼미마이(8월)
22	おつきみ	お月見	달구경(9월)
23	もみじがり	紅葉狩り	단풍구경(10월)
24	しちごさん	七五三	시치고산(11월 15일)
25	クリスマス	Christmas	크리스마스(12월 25일)
26	おおみそか	大晦日	섣달그믐(12월 31일)
27			
28			

example

今度(こんど)の休(やす)みの日(ひ)はどこかに出(で)かけますか。
이번 휴일은 어딘가에 외출합니까?

札幌(さっぽろ)の雪祭(ゆきまつ)りに行(い)って来(き)ましたが、とてもよかったです。
삿포로 눈축제에 다녀왔는데, 무척 좋았습니다.

祭(まつ)りに参加(さんか)するために大阪(おおさか)まで行(い)きました。
축제에 참가하기 위해 오사카까지 갔습니다.

今年(ことし)の父(ちち)の日(ひ)にはネクタイをあげようと思(おも)います。
올 아버지의 날에는 넥타이를 드릴려고 합니다.

クリスマスに恋人(こいびと)と旅行(りょこう)に行(い)くつもりです。
크리스마스에 애인과 여행을 갈 생각입니다.

- 학교 축제는 学園祭(がくえんさい)라고 한다.
- 마츠리의 세 가지 형태는 担(かつ)ぎ둘러매기, 曳(ひ)き끌기, 踊(おど)り춤추기이다. 東京(とうきょう)의 神田祭(かんだまつ)り와 京都(きょうと)의 祇園祭(ぎおんまつ)り, 大阪(おおさか)의 天神祭(てんじんまつ)り 등이 유명하다.

종조사 정리

か ~가, ~지
か ~까?, 냐?
かしら ~ㄹ까?, ~ㄴ지 몰라
けど ~지만, ~만
さ 말이야, 이야
ぞ ~하군, ~테다! (다짐)
とも ~말고
な ~지마!, 말아라
な(あ) ~군, ~걸!
ね(え) 군요!
の ~니?, 요
よ 강조!
わ 여성어

chapter 9

문학과 예술

086 文学 문학

A

ぶんがく
し
しょうせつ
ずいひつ
エッセイ
どうわ
しんわ

B

むかしばなし
でんき
じじょでん
にっき
ぶんしょう
しゅじんこう
とうじょうじんぶつ

C

あらすじ
ものがたり
しじん
ちょしゃ
しょうせつか
ちょじゅつ
げんこう

D

しゅっぱん
へんしゅう
いんさつ
せいほん
こうせい
さくひん
しょせき

1	ぶんがく	文学	문학
2	し	詩	시
3	しょうせつ	小説	소설
4	ずいひつ	随筆	수필
5	エッセイ	essay	에세이
6	どうわ	童話	동화
7	しんわ	神話	신화
8	むかしばなし	昔話	옛날이야기
9	でんき	伝記	전기
10	じじょでん	自叙伝	자서전
11	にっき	日記	일기
12	ぶんしょう	文章	문장
13	しゅじんこう	主人公	주인공
14	とうじょうじんぶつ	登場人物	등장인물
15	あらすじ	粗筋	줄거리
16	ものがたり	物語	이야기
17	しじん	詩人	시인
18	ちょしゃ	著者	저자
19	しょうせつか	小説家	소설가
20	ちょじゅつ	著述	저술
21	げんこう	原稿	원고
22	しゅっぱん	出版	출판
23	へんしゅう	編集	편집
24	いんさつ	印刷	인쇄
25	せいほん	製本	제본
26	こうせい	校正	교정
27	さくひん	作品	작품
28	しょせき	書籍	서적

彼(かれ)は文学(ぶんがく)の楽(たの)しさを知(し)っています。
그는 문학의 즐거움을 알고 있습니다.

あの小説(しょうせつ)の著者(ちょしゃ)はどなたですか。
그 소설의 저자는 누구십니까?

この詩(し)は雄大(ゆうだい)な自然(しぜん)を表現(ひょうげん)している。
이 시는 웅대한 자연을 표현하고 있다.

著者(ちょしゃ)と一緒(いっしょ)に校正(こうせい)をしようと思(おも)います。
저자와 같이 교정을 하려고 합니다.

ここの部分(ぶぶん)についてもっと詳(くわ)しく説明(せつめい)していただけませんか。
이 부분에 대해 좀더 자세히 설명해 주실 수 없겠습니까?

example

- 言葉(ことば)는 단어의 의미와 말의 의미와 언어의 의미가 있다.
- 베스트셀러는 ベストセラー이다.
- 단행본은 単行本(たんこうぼん), 문고본은 文庫本(ぶんこぼん), 양장은 ハードカバー이다.
- 그 외에 단어는 単語(たんご), 설명은 説明(せつめい), 표현은 表現(ひょうげん), 소재는 素材(そざい), 칼럼은 コラム, 칼럼리스트는 コラムニスト, 독자는 読者(どくしゃ), 재판은 再版(さいはん) 신간은 新刊(しんかん), 발행은 発行(はっこう)이다.

의문사 정리

いつ 언제
いくつ 몇 개, 몇 살
いくら 얼마
どこ 어디
どちら 어느 쪽
どっち 어느 쪽
だれ 누구
どなた 어느 분
どう 어떻게
どれ 어느 것
どの 어느
どんな 어떤
なに 무엇
なん 무엇(회화체)
なぜ 왜
どうして 왜

音楽 음악

A

おんがく
さくし
さっきょく
リズム
メロディー
かし
ひょうし

B

うた
アルト
ソプラノ
どくしょう
がっしょう
えんそう
どくそう

C

がっき
かよう
どうよう
しきしゃ
オーケストラ
クラシック

D

ピアノ
ギター
バイオリン
チェロ
ビオラ
ハーモニカ
フルート
たいこ

1	おんがく	音楽	음악
2	さくし	作詞	작사
3	さっきょく	作曲	작곡
4	リズム	rhythm	리듬
5	メロディー	melody	멜로디
6	かし	歌詞	가사
7	ひょうし	拍子	박자
8	うた	歌	노래
9	アルト	alto	알토
10	ソプラノ	soprano	소프라노
11	どくしょう	独唱	독창
12	がっしょう	合唱	합창
13	えんそう	演奏	연주
14	どくそう	独奏	독주
15	がっき	楽器	악기
16	かよう	歌謡	가요
17	どうよう	童謡	동요
18	しきしゃ	指揮者	지휘자
19	オーケストラ	orchestra	오케스트라
20	クラシック	classic	클래식
21	ピアノ	piano	피아노
22	ギター	guitar	기타
23	バイオリン	violin	바이올린
24	チェロ	cello	첼로
25	ビオラ	viola	비올라
26	ハーモニカ	harmonica	하모니카
27	フルート	flute	플루트
28	たいこ	太鼓	북

example

田中(たなか)さんはピアノが弾(ひ)けますか。
다나까씨는 피아노를 칠 수 있습니까?

チェロの音(おと)は人間(にんげん)の声(こえ)に似(に)ているといわれています。
첼로의 음은 인간의 목소리와 닮았다고 합니다.

彼(かれ)はのちに有名(ゆうめい)なトランペットの演奏家(えんそうか)になりました。
그는 나중에 유명한 트럼펫 연주가가 되었습니다.

小学生(しょうがくせい)のころから父(ちち)にギターを教(おそ)わってもらいました。
초등학교 때부터 아버지에게 기타를 배웠습니다.

私(わたし)は高校(こうこう)の音楽(おんがく)の教師(きょうし)です。
나는 고등학교 음악교사입니다.

- 일본가요는 歌謡曲(かようきょく), 팝송은 ポップス라고 한다.
- 실로폰은 シロホン이라고도 木琴(もっきん)라고도 한다.
- 오르간은 オルガン, 전자오르간은 エレクトーン이다.
- 그 외에 드럼은 ドラム, 피리는 笛(ふえ), 나팔은 ラッパ, 트럼펫은 トランペット, 하프는 ハープ, 거문고는 琴(こと), 공연은 公演(こうえん), 취주악은 吹奏楽(すいそうがく), 현악은 弦楽(げんがく), 관현악은 管弦楽(かんげんがく), 연주하다는 演奏(えんそう)する이다.

우리말과 다른 한자어 정리 1

挨拶(あいさつ) 인사
相性(あいしょう) 궁합
愛人(あいじん) 불륜상대
相手(あいて) 상대편
あだ名(な) 별명
天(あま)の川(がわ) 은하수
油揚(あぶらあ)げ 유부
家柄(いえがら) 집안
暗証番号(あんしょうばんごう) 비밀번호
居酒屋(いざかや) 술집
一応(いちおう) 우선
一戸建(いっこだ)て 단독주택

chapter 10

사회와 문화

088 社交 사교

A

しゃこう
よのなか
ともだち
ゆうじん
しんゆう
どうりょう
なかま

B

ゆうじょう
れいぎ
エチケット
しょうたい
ほうもん
あんない
かんげい

C

かんけい
かつどう
さんか
やくそく
めいわく
せわ
にんじょう

D

あいさつ
おじぎ
あつまり
めいし
あくしゅ
かんげいかい
そうべつかい

1	しゃこう	社交	사교
2	よのなか	世の中	세상
3	ともだち	友達	친구
4	ゆうじん	友人	친구
5	しんゆう	親友	친한 친구
6	どうりょう	同僚	동료
7	なかま	仲間	동료
8	ゆうじょう	友情	우정
9	れいぎ	礼儀	예의
10	エチケット	etiquette	에티켓
11	しょうたい	招待	초대
12	ほうもん	訪問	방문
13	あんない	案内	안내
14	かんげい	歓迎	환영
15	かんけい	関係	관계
16	かつどう	活動	활동
17	さんか	参加	참가
18	やくそく	約束	약속
19	めいわく	迷惑	폐
20	せわ	世話	신세
21	にんじょう	人情	인정
22	あいさつ	挨拶	인사
23	おじぎ	お辞儀	인사
24	あつまり	集まり	모임
25	めいし	名刺	명함
26	あくしゅ	握手	악수
27	かんげいかい	歓迎会	환영회
28	そうべつかい	送別会	송별회

example

「おはようございます」は朝(あさ)の挨拶(あいさつ)として欠(か)かせない。
「おはようございます」는 아침인사로서 필수이다.

紹介(しょうかい)します。こちらは私(わたし)の友人(ゆうじん)です。
소개하겠습니다. 이쪽은 저의 친구입니다.

これから韓国(かんこく)と日本(にほん)、仲良(なかよ)くしましょう。
앞으로 한국과 일본 사이좋게 지냅시다.

パーティーに招待(しょうたい)されてごちそうになりました。
파티에 초대되어 융숭한 대접을 받았습니다.

吉田(よしだ)さんにはいつもお世話(せわ)になっております。
요시다시에게는 항상 신세지고 있습니다.

- 行動(こうどう)는 일반적인 행동이고, 振(ふ)る舞(ま)い는 부정적인 뉘앙스가 포함된 행동이다.
- 挨拶(あいさつ)는 서로 말로 주고받는 인사이고, お辞儀(じぎ)는 몸을 앞으로 숙여 절하는 인사이고, お礼(れい)는 말과 행동으로 감사의 뜻을 표현하는 인사이다.
- 友達(ともだち)는 친구의 일반적인 호칭이고, 友人(ゆうじん)은 어른들이 친구를 부를 때 사용하는 호칭이고, 親友(しんゆう)는 베스트 프렌드를 뜻한다.
- 소꿉친구는 幼(おさな)なじみ, 술친구는 飲(の)み友達(ともだち)나 飲(の)み仲間(なかま)이다.

우리말과 다른 한자어 정리 2

縁(えん) 인연
植木(うえき) 식수(관상용 화초와 나무)
売(う)り切(き)れ 매진
噂(うわさ) 소문
絵(え)の具(ぐ) 물감
遠足(えんそく) 소풍
縁談(えんだん) 혼담
遠慮(えんりょ) 사양
お金(かね) 돈
贈(おく)り物(もの) 선물
幼(おさな)なじみ 소꿉친구
お手伝(てつだ)いさん 가정부

愛 사랑

A

あい
こいびと
こうさい
つきあい
けっこん
こんやく
プロポーズ

B

はつこい
かたおもい
ひとめぼれ
あいきょう
こんやくしゃ
みあいけっこん
れんあいけっこん

C

けっこんしき
はなむこ
はなよめ
けっこんしきじょう
ひろうえん
なこうど
ひきでもの

D

りこん
さいこん
おもいで
カップル
あいじん
うわき
しつれん

1	あい	愛	사랑
2	こいびと	恋人	애인
3	こうさい	交際	교제
4	つきあい	付き合い	교제
5	けっこん	結婚	결혼
6	こんやく	婚約	약혼
7	プロポーズ	propose	프로포즈
8	はつこい	初恋	첫사랑
9	かたおもい	片想い	짝사랑
10	ひとめぼれ	一目惚れ	첫눈에 반함
11	あいきょう	愛敬	애교
12	こんやくしゃ	婚約者	약혼자
13	みあいけっこん	見合い結婚	중매결혼
14	れんあいけっこん	恋愛結婚	연애결혼
15	けっこんしき	結婚式	결혼식
16	はなむこ	花婿	신랑
17	はなよめ	花嫁	신부
18	けっこんしきじょう	結婚式場	예식장
19	ひろうえん	披露宴	피로연
20	なこうど	仲人	중매인
21	ひきでもの	引き出物	예물
22	りこん	離婚	이혼
23	さいこん	再婚	재혼
24	おもいで	思い出	추억
25	カップル	couple	커플
26	あいじん	愛人	불륜상대
27	うわき	浮気	바람
28	しつれん	失恋	실연

example

彼女(かのじょ)のことをどのぐらい愛(あい)していますか。
그녀를 얼마나 사랑합니까?

私(わたし)は見合(みあ)い結婚(けっこん)でなく恋愛結婚(れんあいけっこん)です。
나는 중매결혼이 아니라 연애결혼입니다.

6月(がつ)のいとこの結婚式(けっこんしき)に招待(しょうたい)されました。
6월에 하는 사촌의 결혼식에 초대받았습니다.

恋(こい)に落(お)ちてあの二人(ふたり)は恋愛中(れんあいちゅう)です。
사랑에 빠져 그 둘은 사귀고 있습니다.

田村(たむら)さんは離婚(りこん)してからすぐ再婚(さいこん)したそうです。
타무라씨는 이혼하고 나서 곧 재혼했다고 합니다.

- 縁(えん)은 사람과의 인연이고, 因縁(いんねん)는 불교의 인연이다.
- 恋人(こいびと)는 애인이고, 愛人(あいじん)는 불륜상대(정부)이다.
- 그 외에 인기는 人気(にんき), 운명은 運命(うんめい), 상처는 傷(ぎず), 호의는 好意(こうい), 이상형은 理想(りそう)の人(ひと), 인기가 많은 사람은 人気者(にんきもの)이다.

우리말과 다른 한자어 정리 3

お手洗(てあら)い 화장실
お盆(ぼん) 쟁반
お巡(まわ)りさん 경찰
お土産(みやげ) 선물
思(おも)いで 추억
趣(おもむき) 정취
お風呂(ふろ) 목욕탕
親(おや) 부모
卸売(おろしう)り 도매
階(かい) 층
書留(かきとめ) 등기

090 伝統 전통

A

さどう
いけばな
しょどう
きもの
ゆかた
すもう

B

のう
かぶき
きょうげん
ぶんらく
らくご
まんざい

C

のうがく
はいく
たんか
とうじき
にほんが
うきよえ
にほんていえん

D

にほんぶよう
にんぎょうじょうるり
こっとうひん
でんとう
ぶんか
ぶんめい
いさん

1	さどう	茶道	다도
2	いけばな	生け花	꽃꽂이
3	しょどう	書道	서예
4	きもの	着物	기모노
5	ゆかた	浴衣	유카타
6	すもう	相撲	스모
7	のう	能	노
8	かぶき	歌舞伎	가부키
9	きょうげん	狂言	쿄겐
10	ぶんらく	文楽	분락
11	らくご	落語	라꾸고
12	まんざい	漫才	만담
13	のうがく	能楽	노가꾸
14	はいく	俳句	하이꾸
15	たんか	短歌	단가
16	とうじき	陶磁器	도자기
17	にほんが	日本画	일본화
18	うきよえ	浮世絵	풍속화
19	にほんていえん	日本庭園	일본정원
20	にほんぶよう	日本舞踊	일본무용
21	にんぎょうじょうるり	人形浄瑠璃	인형극
22	こっとうひん	骨董品	골동품
23	でんとう	伝統	전통
24	ぶんか	文化	문화
25	ぶんめい	文明	문명
26	いさん	遺産	유산
27			
28			

example

茶道(さどう)を専門的(せんもんてき)に習(なら)いたいと思(おも)います。
다도를 전문적으로 배우고 싶습니다.

日本(にほん)の知床(しれとこ)は世界文化遺産(せかいぶんかいさん)です。
일본의 시레또꼬는 세계문화유산입니다.

能(のう)は日本(にほん)の伝統的(でんとうてき)な舞踊(ぶよう)です。
'노'는 일본의 전통적인 무용입니다.

歌舞伎(かぶき)を観覧(かんらん)しに歌舞伎座(かぶきざ)へ行(い)きました。
가부끼를 관람하러 가부끼극장에 갔습니다.

高校(こうこう)の時(とき)、俳句(はいく)を作(つく)ったことがあります。
고등학교 시절, 하이쿠를 만든 적이 있습니다.

- 일왕은 天皇(てんのう), 황후는 皇后(こうごう), 황태자는 皇太子(こうたいし), 황태자비는 皇太子妃(こうたいしひ), 황거는 皇居(こうきょ)이다.
- 옛날이야기는 昔話(むかしばなし), 우화는 寓話(ぐうわ), 신화는 神話(しんわ)이다.

우리말과 다른 한자어 정리 4

風邪(かぜ) 감기
金網(かなあみ) 철망
金物屋(かなものや) 철물점
金持(かねも)ち 부자
歌謡曲(かようきょく) 가요
画用紙(がようし) 도화지
刈入(かりい)れ 추수
勘定(かんじょう) 계산
勘違(かんちが)い 착각
勘弁(かんべん) 용서
漢方医(かんぽうい) 한의사
学生時代(がくせいじだい) 학창시절

信仰 신앙

A

しんこう
かみ
かみさま
つみ
ばつ
てんごく
じごく

B

てんし
エンゼル
あくま
らくえん
パラダイス
いのり
ちかい

C

ざいあく
じひ
せっきょう
しんじゃ
そうしき
ぼひ
ぼせき

D

かそう
まいそう
めいにち
かみだな
ぶつだん
ゆうれい
おに

1	しんこう	信仰	신앙
2	かみ	神	신
3	かみさま	神様	하느님
4	つみ	罪	죄
5	ばつ	罰	벌
6	てんごく	天国	천국
7	じごく	地獄	지옥
8	てんし	天使	천사
9	エンゼル		천사
10	あくま	悪魔	악마(마귀)
11	らくえん	楽園	낙원
12	パラダイス	paradise	낙원
13	いのり	祈り	기도
14	ちかい	誓い	맹세
15	ざいあく	罪悪	죄악
16	じひ	慈悲	자비
17	せっきょう	説教	설교
18	しんじゃ	信者	신자
19	そうしき	葬式	장례식
20	ぼひ	墓碑	묘비
21	ぼせき	墓石	묘석
22	かそう	火葬	화장
23	まいそう	埋葬	매장
24	めいにち	命日	기일
25	かみだな	神棚	신단
26	ぶつだん	仏壇	불전
27	ゆうれい	幽霊	유령
28	おに	鬼	귀신

example

未来(みらい)のことを一緒(いっしょ)に神様(かみさま)に祈(いの)りましょう。
미래에 대해 함께 신께 빕시다.

罪(つみ)を犯(おか)して、罪(つみ)から逃(のが)れようと逃(に)げてしまいました。
죄를 짓고 죄에서 벗어나려고 도망쳤습니다.

昨日(きのう)は祖父(そふ)の3回目(かいめ)の命日(めいにち)でした。
어제는 할아버지의 3주년 기일이었습니다.

ここは天国(てんごく)だと言(い)っても過言(かごん)ではないだろう。
이곳은 천국이라고 말해도 과언이 아닐 것이다.

日本(にほん)の家(いえ)はほとんど仏壇(ぶつだん)がおいてあります。
일본의 집은 거의 불단이 놓여 있습니다.

- 도깨비는 お化(ば)け, 빨강도깨비는 赤鬼(あかおに), 파랑도깨비는 青鬼(あおおに)이다.
- 그 외에 믿음은 信心(しんじん), 합장은 合掌(がっしょう), 염불은 念仏(ねんぶつ), 좌선은 座禅(ざぜん), 교의는 教義(きょうぎ), 영혼은 霊魂(れいこん), 극락은 極楽(ごくらく), 찬송가는 賛美歌(さんびか), 십계는 十戒(じっかい), 신약성경은 新約聖書(しんやくせいしょ), 구약성경은 旧約聖書(きゅうやくせいしょ)이다.

우리말과 다른 한자어 정리 5

漢方薬(かんぽうやく) 한약
還暦(かんれき) 회갑
為替(かわせ) 환율
生地(きじ) 옷감, 반죽
傷(きず) 상처
季節(きせつ)の変(か)わり(め) 환절기
喫茶店(きっさてん) 찻집

切符(きっぷ) 표
気晴(きば)らし 기분전환
草花(くさばな) 화초
屑籠(くずかご) 휴지통
薬屋(くすりや) 약국

092 宗教 종교

A

キリストきょう
カトリックきょう
ぶっきょう
じゅきょう
ヒンズ-きょう
イスラムきょう
しんとう

B

きょうかい
れいはい
せいしょ
バイブル
ぼくし
さんびか
ふっかつ

C

せいどう
ミサ
せんれい
しんぷ
イエス
しゅ
じゅうじか

D

てら
ほとけ
おぼうさん
ごくらく
しゃか
じんじゃ

1	キリストきょう	Christian教	기독교
2	カトリックきょう	Catholic教	천주교
3	ぶっきょう	仏教	불교
4	じゅきょう	儒教	유교
5	ヒンズーきょう	Hindu教	힌두교
6	イスラムきょう	Islam教	이슬람교
7	しんとう	神道	신토
8	きょうかい	教会	교회
9	れいはい	礼拝	예배
10	せいしょ	聖書	성경
11	バイブル	bible	바이블
12	ぼくし	牧師	목사
13	さんびか	賛美歌	찬송가
14	ふっかつ	復活	부활
15	せいどう	聖堂	성당
16	ミサ	missa(라)	미사
17	せんれい	洗礼	세례
18	しんぷ	神父	신부
19	イエス	Jesus	예수
20	しゅ	主	주
21	じゅうじか	十字架	십자가
22	てら	寺	절
23	ほとけ	仏	부처
24	おぼうさん	お坊さん	스님
25	ごくらく	極楽	극락
26	しゃか	釈迦	석가
27	じんじゃ	神社	신사
28			

example

神道(しんとう)は日本(にほん)の伝統的(でんとうてき)な宗教(しゅうきょう)です。
신토는 일본의 전통적인 종교입니다.

聖堂(せいどう)に行(い)って神様(かみさま)に祈(いの)りましょう。
성당에 가서 하느님에게 기도합니다.

家族全員(かぞくぜんいん)キリスト教(きょう)の信者(しんじゃ)です。
가족전체가 기독교신자입니다.

元旦(がんたん)に墓参り(はかまいり)に行(い)ってきました。
설날에 산소참배에 다녀왔습니다.

日本(にほん)はどこへ行(い)っても神社(じんじゃ)がいっぱいあります。
일본은 어디에 가나 신사가 많이 있습니다.

■ 그 외에 종파는 宗派(しゅうは), 신교는 新教(しんきょう), 구교는 旧教(きゅうきょう), 유대교는 ユダヤ教(きょう), 교황은 教皇(きょうこう), 수녀는 シスター, 예배당은 礼拝堂(れいはいどう), 점은 占(うらな)い, 미신은 迷信(めいしん), 제단은 祭壇(さいだん)이다.

우리말과 다른 한자어 정리 6

果物(くだもの) 과일
靴(くつ) 구두
靴下(くつした) 양말
苦労(くろう) 고생
区役所(くやくしょ) 구청
景色(けしき) 경치
煙(けむり) 연기
獣(けもの) 짐승
元気(げんき) 건강
見物(けんぶつ) 구경
恋人(こいびと) 애인
光栄(こうえい) 영광

銀行 은행

A

ぎんこう
おかね
よきん
ちょきん
ちょちく
にゅうきん
そうきん

B

ふりこみ
ひきだし
かしだし
あずけいれ
つうちょう
こうざ
こうざばんごう

C

ウォン
えん
ドル
げんきん
こぎって
あんしょうばんごう
ていきよきん

D

てがた
かへい
しんよう
ほしょう
りし
きんり
りょうがえ

1	ぎんこう	銀行	은행
2	おかね	お金	돈
3	よきん	預金	예금
4	ちょきん	貯金	저금
5	ちょちく	貯蓄	저축
6	にゅうきん	入金	입금
7	そうきん	送金	송금
8	ふりこみ	振り込み	납입
9	ひきだし	引き出し	인출
10	かしだし	貸し出し	대출
11	あずけいれ	預け入れ	예입
12	つうちょう	通帳	통장
13	こうざ	口座	구좌
14	こうざばんごう	口座番号	구좌번호
15	ウォン		원
16	えん	円	엔
17	ドル	dollar	달러
18	げんきん	現金	현금
19	こぎって	小切手	수표
20	あんしょうばんごう	暗証番号	비밀번호
21	ていきよきん	定期預金	정기예금
22	てがた	手形	어음
23	かへい	貨幣	화폐
24	しんよう	信用	신용
25	ほしょう	保証	보증
26	りし	利子	이자
27	きんり	金利	금리
28	りょうがえ	両替	환전

example

銀行(ぎんこう)に行(い)って来(き)ますので待(ま)っていてください。
은행에 다녀 오겠으니 기다려주세요.

1000万円(まんえん)を通帳(つうちょう)から下(お)ろしました。
1000만엔을 통장에서 찾았습니다.

足(た)りない分(ぶん)は銀行(ぎんこう)から借(か)りることにしました。
부족한 분은 은행에서 빌리기로 했습니다.

取引先(とりひきさき)の口座(こうざ)へ送金(そうきん)しました。
거래처 구좌로 송금했습니다.

出国(しゅっこく)の前(まえ)にウォンを円(えん)に両替(りょうがえ)しましょう。
출국 전에 원을 엔으로 환전합시다.

- 貯金(ちょきん)은 주로 소액의 우체국저금이고, 預金(よきん)은 고액의 예금이며 적금의 의미도 있다.
- 신용카드는 クレジットカード, 현금카드는 キャッシュカード이다.
- 주택을 사려고 대출을 받는 것을 住宅(じゅうたく)ローン이라고 한다.
- 그 외에 입금은 入金(にゅうきん), 잔고는 残高(ざんだか), 수수료는 手数料(てすうりょう), 계좌이체는 口座振替(こうざふりかえ), 자동이체는 自動引(じどうひ)き落(お)とし, 빚은 借金(しゃっきん), 인터넷뱅킹은 インターネットバンキング나 イーバンク, 금융기관은 金融機関(きんゆうきかん)이다.

우리말과 다른 한자어 정리 7

孝行(こうこう) 효도
孝行息子(こうこうむすこ) 효자
孝行娘(こうこうむすめ) 효녀
小売(こう)り 소매
小切手(こぎって) 수표
諺(ことわざ) 속담
献立(こんだて) 메뉴

婚約(こんやく) 약혼
婚約者(こんやくしゃ) 약혼자
財布(さいふ) 지갑
刺身(さしみ) 회
砂糖(さとう) 설탕

094 郵便局 우체국

A

ゆうびんきょく
てがみ
きって
はがき
ふうとう
えはがき
びんせん

B

こづつみ
かきとめ
でんぽう
そくたつ
ゆうびんぶつ
ゆうびんばんごう
ポスト

C

こうくうびん
ふなびん
ゆうびんはいたつ
まどぐち
いんし
こくさいゆうびん
ゆうびんばこ

D

おもさ
はかる
おくる
かく
つつむ
たくはい
しゅうはい

1	ゆうびんきょく	郵便局	우체국
2	てがみ	手紙	편지
3	きって	切手	우표
4	はがき	葉書	엽서
5	ふうとう	封筒	봉투
6	えはがき	絵葉書	그림엽서
7	びんせん	便せん	편지지
8	こづつみ	小包	소포
9	かきとめ	書留	등기
10	でんぽう	電報	전보
11	そくたつ	速達	속달
12	ゆうびんぶつ	郵便物	우편물
13	ゆうびんばんごう	郵便番号	우편번호
14	ポスト	post	우체통
15	こうくうびん	航空便	항공편
16	ふなびん	船便	배편
17	ゆうびんはいたつ	郵便配達	우편배달부
18	まどぐち	窓口	창구
19	いんし	印紙	인지
20	こくさいゆうびん	国際郵便	제우편
21	ゆうびんばこ	郵便箱	우편물통
22	おもさ	重さ	무게
23	はかる	量る	재다
24	おくる	送る	보내다
25	かく	書く	쓰다
26	つつむ	包む	포장하다
27	たくはい	宅配	택배
28	しゅうはい	集配	택배배달원

example

手紙(てがみ)を出(だ)しに郵便局(ゆうびんきょく)に行(い)くところです。
편지를 부치러 우체국에 갈 참입니다.

葉書(はがき)に50円(えん)切手(きって)を貼(は)って出(だ)しましょう。
엽서에 50엔 우표를 붙여 부칩시다.

手紙(てがみ)を抱(かか)えて郵便屋(ゆうびんや)さんがやってきました。
편지를 안고 우편배달부가 찾아 왔습니다.

ポストに手紙(てがみ)を入(い)れたばかりです。
우체통에 편지를 막 넣었습니다.

カナダにいる友達(ともだち)に小包(こづつみ)を送(おく)りました。
캐나다에 있는 친구에게 소포를 보냈습니다.

- 일본의 엽서는 50엔, 봉투는 80엔짜리 우표를 붙인다.
- ~귀하는 ~様(さま), ~귀중은 御中(おんちゅう)이다.
- 郵便配達(ゆうびんはいたつ)는 우편배달의 의미와 우편배달부의 의미가 있다.
- 그 외에 발송은 発送(はっそう), 우송은 郵送(ゆうそう), 우편함은 郵便受(ゆうびんう)け, 수신인명은 宛名(あてな), 수신인주소는 宛先(あてさき), 소식은 便(たよ)り, 퀵서비스는 バイク便(びん), 연하장은 年賀状(ねんがじょう)이다.

우리말과 다른 한자어 정리 8

座布団(ざぶとん) 방석
皿(さら) 접시
四季(しき) 사계절
辞書(じしょ) 사전
下着(したぎ) 속옷
質屋(しちや) 전당포
実家(じっか) 본가
市役所(しやくしょ) 시청
邪魔(じゃま) 방해
修士(しゅうし) 석사
朱肉(しゅにく) 인주

軍隊 군대

A

ぐんたい
りくぐん
かいぐん
くうぐん
せんそう
せんとう
じえいたい

B

みかた
てき
スパイ
しょうり
はいせん
こうげき
こうふく

C

ぶき
じゅう
ぐんかん
ミサイル
たいほう
ばくだん
くんれん

D

ぼうえい
しゅうせん
ふしょう
どくりつ
どうめいこく
はいせんこく
せんりょう

1	ぐんたい	軍隊	군대
2	りくぐん	陸軍	육군
3	かいぐん	海軍	해군
4	くうぐん	空軍	공군
5	せんそう	戦争	전쟁
6	せんとう	戦闘	전투
7	じえいたい	自衛隊	자위대
8	みかた	見方	아군
9	てき	敵	적
10	スパイ	spy	간첩
11	しょうり	勝利	승리
12	はいせん	敗戦	패전
13	こうげき	攻撃	공격
14	こうふく	降伏	항복
15	ぶき	武器	무기
16	じゅう	銃	총
17	ぐんかん	軍艦	군함
18	ミサイル	missile	미사일
19	たいほう	大砲	대포
20	ばくだん	爆弾	폭탄
21	くんれん	訓練	훈련
22	ぼうえい	防衛	방위
23	しゅうせん	終戦	종전
24	ふしょう	負傷	부상
25	どくりつ	独立	독립
26	どうめいこく	同盟国	동맹국
27	はいせんこく	敗戦国	패전국
28	せんりょう	占領	점령

example

戦争(せんそう)は絶対(ぜったい)に起(お)きてはいけない。
전쟁은 절대로 일어나서는 안 된다.

韓国(かんこく)の男(おとこ)の人(ひと)は軍隊(ぐんたい)に行(い)かなければなりません。
한국의 남자는 군대에 가야만 합니다.

敵(てき)の攻撃(こうげき)を受(う)けて戦(たたか)うことになりました。
적에게 공격을 받아서 싸우게 되었습니다.

相手(あいて)をやっつけるまで絶対(ぜったい)に降伏(こうふく)しないぞ。
상대를 해치우기 전에는 절대로 항복하지 않을 테다.

敗戦国(はいせんこく)を同盟国(どうめいこく)と一緒(いっしょ)に統治(とうち)している。
패전국을 동맹국과 함께 통치하고 있다.

- 2차세계대전은 第二次世界大戦(だいにじせかいたいせん), 6.25전쟁은 朝鮮戦争(ちょうせんせんそう)이다.
- 그 외에 군가는 軍歌(ぐんか), 전략은 戦略(せんりゃく), 전술은 戦術(せんじゅつ), 전승은 戦勝(せんしょう), 지배는 支配(しはい), 통치는 統治(とうち), 기밀은 機密(きみつ), 혁명은 革命(かくめい), 보복은 報復(ほうふく), 침략은 侵略(しんりゃく), 함락은 陥落(かんらく), 탄환은 弾丸(だんがん), 식민지는 植民地(しょくみんち)이다.

우리말과 다른 한자어 정리 9

小学校(しょうがっこう) 초등학교
商店街(しょうてんがい) 상점거리
植樹(しょくじゅ) 식목
女子高(じょしこう) 여고
女子大学(じょしだいがく) 여자대학교
助手(じょしゅ) 조교(대학)
書道(しょどう) 서예
白黒(しろくろ) 흑백
心配(しんぱい) 걱정
親友(しんゆう) 친한 친구
寿司(すし) 생선초밥
聖書(せいしょ) 성경

chapter 11

과학과 기술

096 宇宙 우주

A

うちゅう
たいよう
つき
ほし
ちきゅう
たいようけい
ぎんがけい

B

すいせい
きんせい
かせい
もくせい
どせい
えいせい
わくせい

C

うちゅうじん
じんこうえいせい
うちゅうひこうし
うちゅうりょこう
きどう
あまのがわ
ほっきょくせい

D

せいざ
おひつじざ
おうしざ
ふたござ
かにざ
ししざ
おとめざ

1	うちゅう	宇宙	우주
2	たいよう	太陽	태양
3	つき	月	달
4	ほし	星	별
5	ちきゅう	地球	지구
6	たいようけい	太陽系	태양계
7	ぎんがけい	銀河系	은하계
8	すいせい	水星	수성
9	きんせい	金星	금성
10	かせい	火星	화성
11	もくせい	木星	목성
12	どせい	土星	토성
13	えいせい	衛星	위성
14	わくせい	惑星	혹성
15	うちゅうじん	宇宙人	외계인
16	じんこうえいせい	人工衛星	인공위성
17	うちゅうひこうし	宇宙飛行士	우주비행사
18	うちゅうりょこう	宇宙旅行	우주여행
19	きどう	軌道	궤도
20	あまのがわ	天の川	은하수
21	ほっきょくせい	北極星	북극성
22	せいざ	星座	별자리
23	おひつじざ	牡羊座	양자리
24	おうしざ	牡牛座	황소자리
25	ふたござ	双子座	쌍둥이자리
26	かにざ	蟹座	게자리
27	ししざ	獅子座	사자자리
28	おとめざ	乙女座	처녀자리

example

宇宙人(うちゅうじん)は本当(ほんとう)にいるのかなぁ。
외계인은 정말로 있을까?

私(わたし)は3月(がつ)18日(にち)生(う)まれだから魚座(うおざ)です。
나는 3월 18일생이니까 물고기자리입니다.

火星(かせい)に水(みず)があったという証拠(しょうこ)が発表(はっぴょう)されました。
화성에 물이 있었다는 증거가 발견되었습니다.

北極星(ほっきょくせい)がキラキラと光(ひか)っているのが見(み)えます。
북극성이 반짝반짝 빛나고 있는 것이 보입니다.

あなたの星座(せいざ)は何座(なにざ)ですか。
당신의 별자리는 무슨 자리입니까?

- 천칭자리는 天秤座(てんびんざ), 전갈자리는 蠍座(さそりざ), 사수자리는 射手座(いてざ), 염소자리는 山羊座(やぎざ), 물병자리는 水瓶座(みずがめざ), 물고기자리는 魚座(うおざ)이다.
- 그 외에 북두칠성은 北斗七星(ほくとしちせい), 천왕성은 天王星(てんおうせい), 해왕성은 海王星(かいおうせい), 명왕성은 冥王星(めいおうせい), 흑점은 黒点(こくてん)이다.

우리말과 다른 한자어 정리 10

線香(せんこう) 향
先日(せんじつ) 요전
銭湯(せんとう) 대중목욕탕
葬式(そうしき)) 장례식
相場(そうば) 시세
卒論(そつろん) 졸업논문
算盤(そろばん) 주판
大学(だいがく) 대학교
台所(だいどころ) 부엌
宝(たから)くじ 복권
建(た)て前(まえ) 표면상 방침
食(た)べ過(す)ぎ 과식

097 地球1 지구1

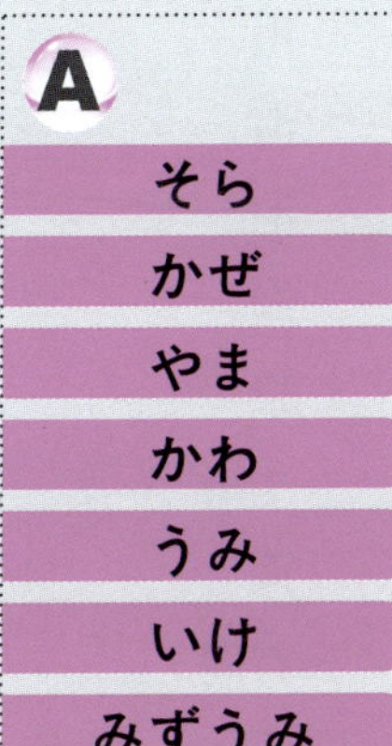

A

- そら
- かぜ
- やま
- かわ
- うみ
- いけ
- みずうみ

B

- いずみ
- おがわ
- たき
- たにま
- おか
- とうげ
- さか

C

- たいりく
- つち
- とち
- たんぼ
- はたけ
- のはら
- へいや

D

- いし
- いわ
- じゃり
- すな
- いど
- うみべ
- なみ

1	そら	空	하늘
2	かぜ	風	바람
3	やま	山	산
4	かわ	川	강
5	うみ	海	바다
6	いけ	池	연못
7	みずうみ	湖	호수
8	いずみ	泉	샘
9	おがわ	小川	시내
10	たき	滝	폭포
11	たにま	谷間	골짜기
12	おか	丘	언덕
13	とうげ	峠	고개
14	さか	坂	비탈
15	たいりく	大陸	대륙
16	つち	土	땅
17	とち	土地	토지
18	たんぼ	田んぼ	논
19	はたけ	畑	밭
20	のはら	野原	들
21	へいや	平野	평야
22	いし	石	돌
23	いわ	岩	바위
24	じゃり	砂利	자갈
25	すな	砂	모래
26	いど	井戸	우물
27	うみべ	海辺	해변
28	なみ	波	파도

example

地球(ちきゅう)の自然(しぜん)は美(うつく)しく、素晴(すば)らしいです。
지구의 자연은 아름답고 훌륭합니다.

砂漠(さばく)では太陽(たいよう)がカンカンと照(て)っています。
사막에서는 태양이 쨍쨍 내리쬡니다.

散歩(さんぽ)がてら小川(おがわ)に沿(そ)って歩(ある)きました。
산책하는 김에 시내를 따라 걸었습니다.

私(わたし)たち夫婦(ふうふ)の趣味(しゅみ)は山(やま)に登(のぼ)ることです。
우리 부부의 취미는 산에 오르는 일입니다.

台風(たいふう)の影響(えいきょう)か、大(おお)きな波(なみ)が打(う)っています。
태풍의 영향인지 높은 파도가 치고 있습니다.

- 골짜기는 谷(たに)라고도 谷間(たにま)라고도 한다.
- 그 외에 해변은 海辺(うみべ), 해양은 海洋(かいよう), 해안은 海岸(かいがん), 연안은 沿岸(えんがん), 한류는 寒流(かんりゅう), 난류는 暖流(だんりゅう), 만은 湾(わん), 진흙은 泥(どろ), 반도는 半島(はんとう), 육지는 陸地(りくち), 햇살은 日差(ひざ)し, 잔디는 芝生(しばふ)이다.

우리말과 다른 한자어 정리 11

食(た)べ物(もの) 음식
玉突(たまつ)き 당구
単位(たんい) 학점
短所(たんしょ) 단점
地下街(ちかがい) 지하상가
茶碗(ちゃわん) 찻잔
中華料理(ちゅうかりょうり) 중국요리
長所(ちょうしょ) 장점
長所短所(ちょうしょたんしょ) 장단점
月払(つきばらい) 할부
津波(つなみ) 해일
手紙(てがみ) 편지

098 地球2 지구2

A

せいめい
せいぶつ
くに
むら
ほっきょく
なんきょく
せきどう

B

しま
さばく
オアシス
かざん
もり
はやし
しんりん

C

いど
けいど
たいきけん
おぞんそう
しがいせん
すいへいせん
ちへいせん

D

ひょうが
きたはんきゅう
みなみはんきゅう
くうき
ひょうざん
さんみゃく
ぬま

1	せいめい	生命	생명
2	せいぶつ	生物	생물
3	くに	国	나라
4	むら	村	마을
5	ほっきょく	北極	북극
6	なんきょく	南極	남극
7	せきどう	赤道	적도
8	しま	島	섬
9	さばく	砂漠	사막
10	オアシス	oasis	오아시스
11	かざん	火山	화산
12	もり	森	숲
13	はやし	林	수풀
14	しんりん	森林	산림
15	いど	緯度	위도
16	けいど	経度	경도
17	たいきけん	大気圏	대기권
18	おぞんそう	ozone層	오존층
19	しがいせん	紫外線	자외선
20	すいへいせん	水平線	수평선
21	ちへいせん	地平線	지평선
22	ひょうが	氷河	빙하
23	きたはんきゅう	北半球	북반구
24	みなみはんきゅう	南半球	남반구
25	くうき	空気	공기
26	ひょうざん	氷山	빙산
27	さんみゃく	山脈	산맥
28	ぬま	沼	늪

example

砂漠(さばく)の中(なか)でオアシスを見(み)つけました。
사막 속에서 오아시스를 발견했습니다.

皆(みんな)で地球(ちきゅう)の環境(かんきょう)を守(まも)りましょう。
모두가 지구의 환경을 지킵시다.

赤道(せきどう)は一年中(いちねんじゅう)暑(あつ)いです。
적도는 일년 내내 덥습니다.

日本(にほん)は島国(しまぐに)で韓国(かんこく)は半島(はんとう)です。
일본은 섬나라이고 한국은 반도입니다.

この化粧品(けしょうひん)は紫外線(しがいせん)を防(ふせ)ぐ製品(せいひん)です。
이 화장품은 자외선을 방지하는 제품입니다.

- 자연파괴는 自然破壊(しぜんはかい), 환경파괴는 環境破壊(かんきょうはかい), 삼림파괴는 森林破壊(しんりんはかい)이다.
- 그 외에 반도는 半島(はんとう), 열도는 列島(れっとう), 고원은 高原(こうげん), 화산대는 火山帯(かざんたい), 용암은 溶岩(ようがん), 자연은 自然(しぜん), 천연은 天然(てんねん), 인력은 人力(じんりょく)이다.

우리말과 다른 한자어 정리 12

手帳(てちょう) 수첩
手拭(てぬぐ)い 수건
手袋(てぶくろ) 장갑
天気(てんき) 날씨
出前(でまえ)屋(や) 배달부
電車(でんしゃ) 전철
電卓(でんたく) 전자계산기
問(と)い合(あ)わせ 문의
床屋(とこや) 이발소
戸締(とじ)まり 문단속
友達(ともだち) 친구
取(と)り締(し)まり 단속

物質1 물질1

A

ぶっしつ
もの
そんざい
きん
ぎん
どう
てつ

B

げんし
ぶんし
でんし
こたい
きたい
えきたい
さんそ

C

すいそ
たんそ
なまり
あえん
アルミニウム
せきゆ
せきたん

D

すず
こうてつ
こうぶつ
ガソリン
えきしょう
ざいりょう
ごうせい

1	ぶっしつ	物質	물질
2	もの	物	물건
3	そんざい	存在	존재
4	きん	金	금
5	ぎん	銀	은
6	どう	銅	동
7	てつ	鉄	철
8	げんし	原子	원자
9	ぶんし	分子	분자
10	でんし	電子	전자
11	こたい	固体	고체
12	きたい	気体	기체
13	えきたい	液体	액체
14	さんそ	酸素	산소
15	すいそ	水素	수소
16	たんそ	炭素	탄소
17	なまり	鉛	납
18	あえん	亜鉛	아연
19	アルミニウム	aluminium	알루미늄
20	せきゆ	石油	석유
21	せきたん	石炭	석탄
22	すず	錫	주석
23	こうてつ	鋼鉄	강철
24	こうぶつ	鉱物	광물
25	ガソリン	gasoline	휘발유
26	えきしょう	液晶	액정
27	ざいりょう	材料	재료
28	ごうせい	合成	합성

example

水(みず)は液体(えきたい)ですが、氷(こおり)になると固体(こたい)です。
물은 액체이나 얼음이 되면 고체입니다.

人間(にんげん)は酸素(さんそ)を吸(す)って二酸化炭素(にさんかたんそ)を吐(は)く。
인간은 산소를 마시고 이산화탄소를 뱉는다.

物(もの)の材料(ざいりょう)は何(なん)なのか調(しら)べてみましょうか。
물건의 재료는 무엇인지 알아볼까요?

これは銅(どう)と鉄(てつ)で作(つく)られているそうです。
이것은 동과 철로 만들어져 있다고 합니다.

石炭(せきたん)と石油(せきゆ)がだんだんなくなって心細(こころぼそ)いです。
석탄과 석유가 점점 없어져서 불안합니다.

- 수력은 水力(すいりょく), 화력은 火力(かりょく), 풍력은 風力(ふうりょく), 원자력은 原子力(げんしりょく), 전력은 電力(でんりょく), 발전은 発電(はつでん)이다.
- 원유는 原油(げんゆ), 경유는 軽油(けいゆ), 중유는 重油(じゅうゆ), 산유국은 産油国(さんゆこく)이다.
- 그 외에 자원은 資源(しげん), 에너지는 エネルギー, 방사능은 放射能(ほうしゃのう), 천연가스는 天然(てんねん)ガス, 화석연료는 化石燃料(かせきねんりょう)이다.

우리말과 다른 한자어 정리 13

取締役(とりしまりやく) 이사
取(と)り引(ひ)き 거래
泥棒(どろぼう) 도둑
仲直(なかなお)り 화해
名前(なまえ) 이름
人数(にんずう) 인원수
値打(ねう)ち 값
値段(ねだん) 가격
喉(のど)自慢(じまん) 노래자랑
飲(の)み過(す)ぎ 과음
場合(ばあい) 경우

100 物質2 물질2

A

- おおきさ
- たかさ
- ながさ
- ひろさ
- ふとさ
- おもさ
- はば

B

- おと
- こえ
- あじ
- ちから
- ひ
- ひかり
- ねつ

C

- おんど
- そくど
- かくど
- さんせい
- アルカリせい
- けむり
- かげ

D

- せんい
- きじ
- ぬの
- めん
- きぬ
- あさ
- かせん

1	おおきさ	大きさ	크기
2	たかさ	高さ	높이
3	ながさ	長さ	길이
4	ひろさ	広さ	넓이
5	ふとさ	太さ	굵기
6	おもさ	重さ	무게
7	はば	幅	폭
8	おと	音	소리
9	こえ	声	목소리
10	あじ	味	맛
11	ちから	力	힘
12	ひ	火	불
13	ひかり	光	빛
14	ねつ	熱	열
15	おんど	温度	온도
16	そくど	速度	속도
17	かくど	角度	각도
18	さんせい	酸性	산성
19	アルカリせい	alkali性	알칼리성
20	けむり	煙	연기
21	かげ	影	그림자
22	せんい	繊維	섬유
23	きじ	生地	원단
24	ぬの	布	천
25	めん	綿	면
26	きぬ	絹	비단
27	あさ	麻	삼베
28	かせん	化繊	화학섬유

example

新(あたら)しい家(いえ)の大(おお)きさはだいたいどのくらいですか。
새 집의 크기는 대체로 어느 정도입니까?

あの建物(たてもの)の幅(はば)は100メートルもするそうですよ。
저 건물의 폭은 100미터나 된다고 합니다.

このままだと味(あじ)が薄(うす)いから塩(しお)をたくさん振(ふ)らないと。
이대로라면 맛이 싱거우니 소금을 많이 뿌려야 해.

部屋(へや)が暑(あつ)いからクーラーの温度(おんど)を下(さ)げましょう。
방이 더우니 에어컨 온도를 내립시다.

シルクの生地(きじ)を買(か)って来(き)てカーテンを作(つく)りました。
실크천을 사와서 커텐을 만들었습니다.

- 音(おと)는 전반적인 소리이고, 声(こえ)는 사람의 목소리나 동물의 소리이고, 物音(ものおと)는 사물이 내는 소리이다.
- 生地(きじ)는 원단의 의미와 반죽의 의미가 있다.
- 비단은 絹(きぬ), 실크는 シルク이다.
- 化繊(かせん)은 化学繊維(かがくせんい)의 약자이다.
- 그 외에 가루는 粉(こな), 재는 灰(はい), 숯은 墨(すみ), 쇠는 金(かね), 녹은 錆(さ)び이다.

우리말과 다른 한자어 정리 14

杯(はい) 잔
墓参(はかまい)り 성묘
梯子酒(はしござけ) 술집순례
箱(はこ) 상자
波止場(はとば) 선착장
花札(はなふだ) 화투
歯磨(はみが)き 칫솔질
歯磨(はみが)き粉(こ) 치약
番組(ばんぐみ) 프로그램
判子(はんこ) 도장
控(ひか)え室(しつ) 대기실

化学 화학

A

かがく
じっけん
じっけんしつ
ろんり
りろん
げんり
かせつ

B

げんいん
けっか
げんしょう
じょうたい
かてい
きぐ
どうぐ

C

はんのう
ぶんせき
ぶんるい
せいぶん
ねんりょう
かんさつ
じゅんび

D

ぶったい
ぶっしつ
エネルギー
しけんかん
けんびきょう
ほうしゃせん

1	かがく	化学	화학
2	じっけん	実験	실험
3	じっけんしつ	実験室	실험실
4	ろんり	論理	논리
5	りろん	理論	이론
6	げんり	原理	원리
7	かせつ	仮説	가설
8	げんいん	原因	원인
9	けっか	結果	결과
10	げんしょう	現象	현상
11	じょうたい	状態	상태
12	かてい	仮定	가정
13	きぐ	器具	기구
14	どうぐ	道具	도구
15	はんのう	反応	반응
16	ぶんせき	分析	분석
17	ぶんるい	分類	분류
18	せいぶん	成分	성분
19	ねんりょう	燃料	연료
20	かんさつ	観察	관찰
21	じゅんび	準備	준비
22	ぶったい	物体	물체
23	ぶっしつ	物質	물질
24	エネルギー	energy	에너지
25	しけんかん	試験管	시험관
26	けんびきょう	顕微鏡	현미경
27	ほうしゃせん	放射線	방사선
28			

example

仮説(かせつ)を作(つく)って実験(じっけん)を行(おこな)いました。
가설을 만들어 실험을 행했습니다.

顕微鏡(けんびきょう)で物体(ぶんたい)を観察(かんさつ)しました。
현미경으로 물체를 관찰했습니다.

その反応(はんのう)を調(しら)べて、報告(ほうこく)してください。
그 반응을 알아보고 보고해 주세요.

その会社(かいしゃ)はちゃんと実験室(じっけんしつ)があります。
그 회사는 제대로 실험실이 있습니다.

では、てこの原理(げんり)を分析(ぶんせき)しましょう。
그렇다면, 지렛대의 원리를 분석합시다.

- 산소는 酸素(さんそ), 수소는 水素(すいそ), 탄소는 炭素(たんそ), 질소는 窒素(ちっそ), 알루미늄은 アルミニウム, 나트륨은 **ナトリウム**, 칼륨은 **カリウム**, 칼슘은 **カルシウム**, 망간은 **マンガン**, 리튬은 **リチウム**, 헬륨은 **ヘリウム**이다.
- 시험관아이는 試験管(しけんかん)ベビー라고 한다.

우리말과 다른 한자어 정리 15

日陰(ひかげ) 그늘
引(ひ)っ越(こ)し 이사
人柄(ひとがら) 인품
日向(ひなた) 양지
暇(ひま) 짬
表札(ひょうさつ) 문패
便(びん)せん 편지
封切(ふうき)り 개봉
双子(ふたご) 쌍둥이
二日酔(ふつかよ)い 숙취
百姓(ひゃくしょう) 농민
非常勤講師(ひじょうきんこうし) 시간강사

102 インターネット 인터넷

A

インターネット
コンピューター
パソコン
ノートブック
ネットワーク
ホームページ
プログラム

B

キーボード
クリック
マウス
いんさつ
プリント
しょうきょ
モニター

C

イーメール
メルとも
アイディー
メールアドレス
あんしょうばんごう
チャット
ドット

D

けんさく
アットマーク
ウェブ
サイト
ブログ
どうが
アドレスブック

1	インターネット	Internet	인터넷
2	コンピューター	computer	컴퓨터
3	パソコン	personal computer	개인용컴퓨터
4	ノートブック	notebook	노트북
5	ネットワーク	network	네트워크
6	ホームページ	homepage	홈페이지
7	プログラム	program	프로그램
8	キーボード	keyboard	키보드
9	クリック	click	클릭
10	マウス	mouse	마우스
11	いんさつ	印刷	인쇄
12	プリント	print	프린트
13	しょうきょ	消去	삭제
14	モニター	monitor	모니터
15	イーメール	email	이메일
16	メルとも	mail友	메일친구
17	アイディー	ID	아이디
18	メールアドレス	mail address	메일주소
19	あんしょうばんごう	暗証番号	비밀번호
20	チャット	chatting	채팅
21	ドット	.	닷
22	けんさく	検索	검색
23	アットマーク	@	골뱅이
24	ウェブ	Web	웹
25	サイト	site	사이트
26	ブログ	blog	블로그
27	どうが	動画	동영상
28	アドレスブック	address book	주소록

example

詳(くわ)しい内容(ないよう)を送(おく)るのでメールアドレスを教(おし)えてください。
자세한 내용을 보내겠으니 메일주소를 가르쳐주세요.

アイディーと暗証番号(あんしょうばんごう)を押(お)してください。
아이디와 비밀번호를 눌러주세요.

海外(かいがい)の友(とも)だちと毎日(まいにち)一時間(いちじかん)ずつチャットをしています。
해외에 있는 친구들과 매일 한시간씩 채팅을 합니다.

初(はじ)めてインターネット上(じょう)で買(か)い物(もの)をしました。
처음으로 인터넷상에서 물건을 샀습니다.

詳(くわ)しい情報(じょうほう)はホームページに書(か)いてあります。
자세한 정보는 홈피에 쓰여 있습니다.

- 컴퓨터는 コンピューター라고도, コンピュータ라고도 한다.
- 컴퓨터에서 사용하는 폴더는 フォルダー라고 하지 않고, フォルダ라고 한다.
- 접속하다는 接続(せつぞく)する이고, 응답이 없는 것은 固(かた)まる라고 한다.
- 그 외에 로그인은 ログイン, 로그아웃은 ログアウト, 등록은 登録(とうろく), 바이러스체크는 ウイルスチェック, 메센저는 メッセンジャー, 화상은 画像(がぞう), 신지식은 知恵袋(ちえぶくろ), 업로드는 アップロード, 다운로드는 ダウンロード, 무선랜은 無線(むせん)LAN(ラン)이다.

우리말과 다른 한자어 정리 16

筆箱(ふでばこ) 필통
部屋(へや) 방
勉強(べんきょう) 공부
歩道(ほどう) 인도
歩道橋(ほどうきょう) 육교
本音(ほんね) 본심
本番(ほんばん) 정식 방송
迷子(まいご) 미아
前払(まえばら)い 선불
水着(みずぎ) 수영복
港(みなと) 항구
見舞(みま)い 맞선

助数詞 조수사

A

ねん
がつ
にち
えん
ほん
まい
にん

B

こ
とう
ひき
はい
ページ
だい
かい

C

ど
ぶ
かい
そく
ちゃく
つう
くみ

D

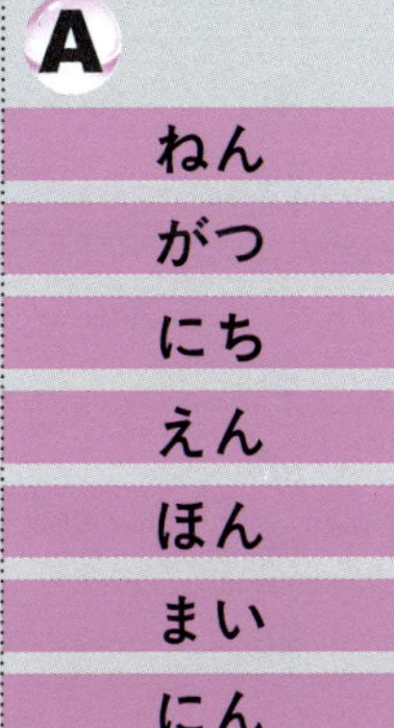

たば
けん
さつ
ばい
つぶ
か
つい

1	ねん	年	~년
2	がつ	月	~월
3	にち	日	~일
4	えん	円	~엔
5	ほん	本	~자루
6	まい	枚	~장
7	にん	人	~명
8	こ	個	~개
9	とう	頭	~마리
10	ひき	匹	~마리
11	はい	杯	~잔
12	ページ	page	~페이지
13	だい	台	~대
14	かい	回	~회
15	ど	度	~도
16	ぶ	部	~부
17	かい	階	~층
18	そく	足	~켤레
19	ちゃく	着	~벌
20	つう	通	~통
21	くみ	組	~반
22	たば	束	~다발
23	けん	軒	~채
24	さつ	冊	~권
25	ばい	倍	~배
26	つぶ	粒	~알
27	か	課	~과
28	つい	対	~쌍

example

家(うち)にはテレビが1台(だい)、各部屋(かくへや)ごとにあります。
우리 집에는 텔레비전이 1대가 각 방마다 있습니다.

日曜日(にちようび)の集会(しゅうかい)には何人(なんにん)集(あつ)まりましたか。
일요일 집회에는 몇 명 모였습니까?

今日(きょう)は会議(かいぎ)が重(かさ)なって、コーヒーを5杯(はい)も飲(の)みました。
오늘은 회의가 겹쳐 커피를 5잔이나 마셨습니다.

皆(みな)さん、教科書(きょうかしょ)45ページを見(み)てください。
여러분, 교과서 25페이지를 봐주세요.

この地域(ちいき)は出版社(しゅっぱんしゃ)が何軒(なんげん)も集(あつ)まっていますね。
이 지역은 출판사가 몇 채나 모여 있군요.

- 그 외에 상자는 箱(はこ), 근은 斤(きん), 가마는 表(ひょう), 척은 艘(そう), 포기는 株(かぶ), 송이는 輪(りん)이다.

우리말과 다른 한자어 정리 17

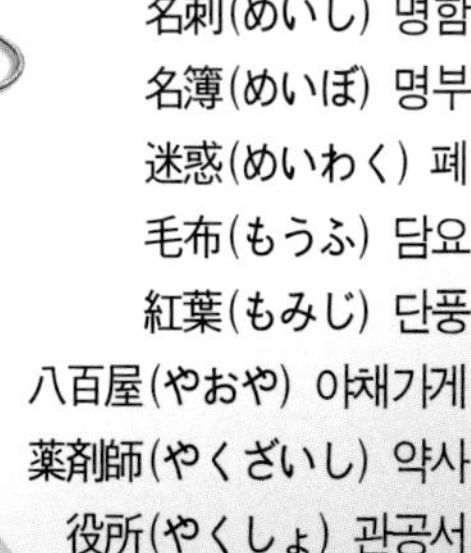

名刺(めいし) 명함
名簿(めいぼ) 명부
迷惑(めいわく) 폐
毛布(もうふ) 담요
紅葉(もみじ) 단풍
八百屋(やおや) 야채가게
薬剤師(やくざいし) 약사
役所(やくしょ) 관공서
役人(やくにん) 관리
屋台(やたい) 포장마차
友人(ゆうじん) 친구
郵便局(ゆうびんきょく) 우체국

104 形式名詞 형식명사

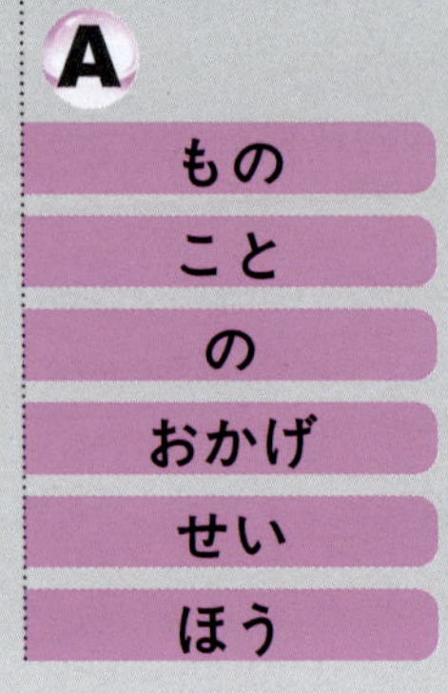

A

- もの
- こと
- の
- おかげ
- せい
- ほう

B

- まま
- つもり
- はず
- ため
- わけ
- とおり
- ところ

C

- たびに
- わりに
- よう
- かわり
- くせに

1	もの	것
2	こと	것, 일
3	の	것
4	おかげ	덕분
5	せい	탓
6	ほう	편
7	まま	채
8	つもり	작정, 생각
9	はず	터, 리
10	ため	때문
11	わけ	턱
12	とおり	대로
13	ところ	참
14	たびに	마다
15	わりに	비해
16	よう	같은
17	かわり	대신
18	くせに	주제에
19		
20		
21		
22		
23		
24		
25		
26		
27		
28		

example

今回(こんかい)の大量(たいりょう)リストラで会社(かいしゃ)を辞(や)めることになりました。
이번에 대규모 구조조정으로 회사를 그만두게 되었습니다.

悪(わる)いけど、このようになった全(すべ)てがあなたのせいだと思(おも)うよ。
미안하지만, 이렇게 된 모든 것이 당신 때문이라 생각해.

ここからだとどんなに急(いそ)いでも10分(ぷん)ぐらいかかると思(おも)います。
여기서부터라면 아무리 서둘러도 10분 정도 걸릴 것입니다.

会社(かいしゃ)を辞(や)めたって、これから一体(いったい)どうするつもりですか。
회사를 그만두다니 앞으로 도대체 어떻게 할 생각입니까?

松本(まつもと)さんは知(し)っているのに全然(ぜんぜん)知(し)らないふりをしている。
마츠모토씨는 알고 있으면서도 모르는 채를 한다.

■ くらい는 ぐらい라고도 하고, ころ는 ごろ라고도 한다.

우리말과 다른 한자어 정리 18

油断(ゆだん) 방심
指輪(ゆびわ) 반지
用心(ようじん) 주의
洋服(ようふく) 옷
世(よ)の中(なか) 세상
了解(りょうかい) 양해
両替(りょうがえ) 환전
割合(わりあい) 비율
留守番電話(るすばんでんわ) 자동응답전화기
廊下(ろうか) 복도
老若男女(ろうにゃくなんにょ) 남녀노소
和食(わしょく) 일식

国民の祝日 일본의 휴일

105

1	こくみんのしゅくじつ	国民の祝日	공휴일
2	がんたん	元旦	정월초하루(1월 1일)
3	おしょうがつ	お正月	정월(1월 1일~3일)
4	せいじんのひ	成人の日	성인의 날(1월 2째 월요일)
5	けんこくきねんび	建国記念日	건국기념일(2월 11일)
6	しゅんぶんのひ	春分の日	춘분
7	みどりのひ	緑の日	식목일(4월 29일)
8	けんぽうきねんび	憲法記念日	제헌절(5월 3일)
9	こくみんのきゅうじつ	国民の休日	국민의 휴일(5월 4일)
10	こどものひ	子供の日	어린이날(5월 5일)
11	うみのひ	海の日	해양의 날(7월 3째 월요일)
12	けいろうのひ	敬老の日	경로의 날(9월 3째 월요일)
13	しゅうぶんのひ	秋分の日	추분
14	たいいくのひ	体育の日	체육의 날(10월 2째 월요일)
15	ぶんかのひ	文化の日	문화의 날(11월 3일)
16	きんろうかんしゃのひ	勤労感謝の日	노동절(11월 23일)
17	てんのうたんじょうび	天皇誕生日	천황탄생일(12월 23일)
18			
19			
20			
21			
22			
23			
24			
25			
26			
27			
28			

106 都道府県1 일본의 행정구역1

1	47とどうふけん47	都道府県	47행정구역
2	1と1どう2ふ43けん	1都1道2府43県	1도1도2부43현
3	ほっかいどう	北海道	홋까이도
4	とうほくちほう	東北地方	토호꾸지역
5	ちゅうぶちほう	中部地方	츄부지역
6	かんとうちほう	関東地方	칸또지역
7	きんきちほう	近畿地方	킨끼지역
8	ちゅうごくちほう	中国地方	츄고꾸지역
9	しこくちほう	四国地方	시꼬꾸지역
10	きゅうしゅうちほう	九州地方	규슈지역
11	あおもりけん	青森県	아오모리현
12	あきたけん	秋田県	아키타현
13	いわてけん	岩手県	이와테현
14	やまがたけん	山形県	야마가따현
15	みやぎけん	宮城県	미야기현
16	ふくしまけん	福島県	후꾸시마현
17	にいがたけん	新潟県	니가타현
18	とやまけん	富山県	토야마현
19	いしかわけん	石川県	이시까와현
20	ふくいけん	福井県	후꾸이현
21	やまなしけん	山梨県	야마나시현
22	ながのけん	長野県	나가노현
23	ぎふけん	岐阜県	기후현
24	しずおかけん	静岡県	시즈오카현
25	あいちけん	愛知県	아이치현
26	とうきょうと	東京都	토쿄도
27	いばらきけん	茨城県	이바라키현
28	とちぎけん	栃木県	토치기현

都道府県2 일본의 행정구역2

107

1	ぐんまけん	群馬県	군마현
2	さいたまけん	埼玉県	가이타마현
3	ちばけん	千葉県	치바현
4	かながわけん	神奈川県	가나가와현
5	おおさかふぶ	大阪府	오사카부
6	きょうとふ	京都府	교토부
7	しがけん	滋賀県	시가현
8	みえけん	三重県	미에현
9	ならけん	奈良県	나라현
10	ひょうごけん	兵庫県	효고현
11	わかやまけん	和歌山県	와카야마현
12	とっとりけん	鳥取県	돗토리현
13	おかやまけん	岡山県	오카야마현
14	しまねけん	島根県	시마네현
15	ひろしまけん	広島県	히로시마현
16	やまぐちけん	山口県	야마구치현
17	かがわけん	香川県	카가와현
18	とくしまけん	徳島県	토쿠시마현
19	こうちけん	高知県	코우치현
20	えひめけん	愛媛県	에히메현
21	ふくおかけん	福岡県	후쿠오카현
22	さがけん	佐賀県	사가현
23	ながさきけん	長崎県	나가사키현
24	くまもとけん	熊本県	쿠마모토현
25	おおいたけん	大分県	오이타현
26	みやざきけん	宮崎県	미야자키현
27	かごしまけん	鹿児島県	카고시마현
28	おきなわけん	沖縄県	오키나와현

108 日本の名所 일본의 명소

1	ふじさん	富士山	후지산
2	にっこう	日光	닛꼬
3	きよみずでら	清水寺	키요미즈데라
4	きんかくじ	金閣寺	킨카쿠지
5	あまのはしだて	天橋立	아마노하시다떼
6	ほうりゅうじ	法隆寺	호류지
7	やくしま	屋久島	야꾸시마
8	しれとこ	知床	시레도꼬
9	おおさかじょう	大阪城大	오사카성
10	なごやじょう	名古屋城	나고야성
11	ひめじじょう	姫路城	히메지성
12	あたみおんせん	熱海温泉	아타미온천
13	べっぷおんせん	別府温泉	벳푸온천
14	くさつおんせん	草津温泉	쿠사츠온천
15	おくひだおんせんごう	奥飛渥温泉郷	오쿠히다온천
16	きのさきおんせん	城之崎温泉	키노사끼온천
17	まつしま	松島	마츠시마
18	さっぽろどけいだい	札幌時計臺	삿포로도케이다이
19	あさくさかみなりもん	淺草雷門	아사쿠사카미나리몬
20	いずもたいしゃ	出雲大社	이즈모타이샤
21	かるいざゎ	輕井澤	가루이자와
22	けんろくえん	兼六園	켄로쿠원
23	びゎこ	琵琶湖	비와호
24	どうとんぼり	道頓堀	도톰보리
25	とっとりさきゅう	鳥取砂丘	돗토리사큐
26	あそざん	阿蘇山	아소잔
27	さくらじま	櫻島	사쿠라지마
28			

日本の歴史 일본의 역사 109

1	じょうもんじだい	縄文時代	조몬시대
2	やよいじだい	彌生時代	야요이시대
3	やまとじだい	大和時代	야마토시대
4	あすかじだい	飛鳥時代	아스카시대
5	ならじだい	奈良時代	나라시대
6	へいあんじだい	平安時代	헤안시대
7	かまくらじだい	鎌倉時代	가마쿠라시대
8	むろまちじだい	室町時代	무로마치시대
9	あづちももやまじだい	安土桃山時代	아즈치모모야마시대
10	せんごくじだい	戰國時代	전국시대
11	えどじだい	江戸時代	에도시대
12	めいじじだい	明治時代	메이지시대
13	たいしょうじだい	大正時代	타이쇼시대
14	しょうゎじだい	昭和時代	쇼와시대
15	へいせいじだい	平成時代	헤이안시대
16			
17			
18			
19			
20			
21			
22			
23			
24			
25			
26			
27			
28			

110 日本の文學 일본의 문학

1	こじき	古事記	코지키
2	にほんしょき	日本書紀	니혼쇼키
3	まんようしゅう	万葉集	만요슈
4	たけとりものがたり	竹取物語	다께토리모노가따리
5	いせものがたり	伊勢物語	이세모노가따리
6	まくらのそうし	枕草子	마꾸라노소시
7	せいしょうなごん	清少納言	세이쇼나곤
8	げんじものがたり	源氏物語	겐지모노가따리
9	むらさきしきぶ	紫式部	무라사끼시키부
10	ひゃくにんいっしゅ	百人一首	햐꾸닌잇슈
11	むかしばなし	昔話	옛날이야기
12	ももたろう	桃太郎	모모타로
13	きんたろう	金太郎	킨타로
14	うらしまたろう	浦島太郎	우라시마타로
15	つるのおんがえし	鶴の恩返し	은혜 갚은 학
16	いっすんぼうし	一寸法師	잇슨법사
17	さるかにがっせん	さるかに合戦	원숭이와 게싸움
18	ねずみのよめいり	ねずみの嫁入り	쥐의 시집가기
19	ゎらしべちょうじゃ	ゎらしべ長者	지푸라기청년
20	はなさかじいさん	花さかじいさん	꽃 피우는 할아버지
21	うばすてやま	うばすて山	우바스테야마
22	つれづれぐさ	徒然草	츠레즈레구사
23	ほうじょうき	方丈記	호죠키
24	おくのほそみち	奥の細道	오쿠노호소미치
25	とさにっき	土佐日記	도사닛키
26	へいけものがたり	平家物語	헤이케모노가따리
27	こきんゎかしゅう	古今和歌集	고킨와카슈
28	しんこきんゎかしゅう	新古今和歌集	싱고킨와카슈

색 인

あ

い

う

え

お

색 인

か

색인

き

く

け

색인

さ

し

색인

す

せ

そ

색인

た

ち

つ

て

な

に

ぬ

ね

ひ

색인

ふ

へ

ほ

ま

み

む

め

も

や

ゆ

よ

색인

색인

ロ

ワ

문 장

회화를 제대로 살리는 **주제별 일단어**

1판 1쇄 발행 | 2006년 7월 5일
2판 1쇄 발행 | 2008년 1월 25일

지은이 | 봉영아
펴낸이 | 윤다시
펴낸곳 | 도서출판 예가

주소 | 서울시 영등포구 당산동 1가 191-10
전화 | 02)2633-5462
팩스 | 02)2633-5463
E-mail | yegabook@hanmail.net
등록번호 | 제 8-216호

ISBN 978-89-7567-480-8 13730